KB051522

여행선언문

〈나는 프랑스 책벌레와 결혼했다〉 이주영의

인문 로맨스 개고생 여행 이야기

여행선언문

이주영 지음

나비클럽

프롤로그

세상에는 잃어버리면 절대 안 되는 것들이 있다. 바로 돈으로 살 수 없는 것들이다. 내 남편 에두아르에게는 잃어버려선 절대 안 되는 한 가지가 더 있다.

　겨울방학을 맞아 친구 베로니크와 올리비에 집에 놀러 갔다. 그곳에서 만난 다른 친구들과 함께 스키를 타러 가기로 했다. 의사인 올리비에는 응급환자 때문에 새벽 호출을 받아 급히 나갔고, 베로니크는 오후에 봉사활동을 하러 간다고 했다. 남은 이들끼리 이른 아침 스키장으로 출발하려는데 문제가 생겼다. 뒷마당에 세워둔 차에 시동이 걸리지 않았다. 우리는 스키장까지 운영하는 셔틀버스를 타고 가기로 했다. 스키장까지는 버스로 한 시간 정도 가야 했다.

버스에서 에두아르는 제자들의 논술 과제물을 채점했다.

"뭐야? 이것들은 왜 생각이 똑같은 거야? 이 녀석들이! 인터넷을 보고 베꼈구만! 너희는 둘 다 빵점에 빵점, 따따블 빵점 플러스 부모님 호출이다!"

그때부터 스키장에 도착할 때까지 우리의 대화 주제는 요즘 아이들의 국어 실력이었다. 에두아르는 요즘 아이들이 철자법을 제대로 모르는 이유부터 문해력이 떨어지는 이유까지 오만 가지 논거를 들어 설명하고, 프랑스 국어 교육의 문제점과 앞으로 나아가야 할 방향에 대해 따발총 어법으로 떠들며 열을 올렸다. 논술 과제물 채점은 거의 하지 못했다.

나는 스키를 에두아르에게 배웠다.

"아니지! 그게 아니라, 이렇게! 아니, 아니! 요렇게! 저 사람 타는 거 봐, 저렇게!"

지시대명사 잔소리 폭격을 맞으며 눈물겹게 익힌 스케이

팅 기술을 친구들에게 전수하며 나는 신이 났다. 에두아르는 그런 내 모습에 '엄지 척'을 해 보이며 뿌듯해했다.

기분 좋게 스키를 즐기고 돌아갈 준비를 했다. 신발을 갈아신고 스키 장비를 챙기는데 에두아르가 갑자기 "어, 어디 갔지?" 하며 두리번거렸다. 스키장 셔틀버스에서 채점하겠다며 들고 온 제자들의 논술 과제물이 통째로 없어졌다는 것이다. 버스에 두고 내렸을 게 뻔했다. 에두아르는 추운 날씨에 콧물을 질질 흘리며 버스회사와 이곳저곳에 전화를 해댔다. 산만하고 정신없는 그다운 일상 그대로였다.

"그러게 스키 타러 오면서 일거리는 왜 가지고 왔어?"

한 친구가 짜증스러운 듯 말했다. 에두아르는 대답 대신 옷소매로 연신 콧물을 닦아냈다. 나는 친구의 반응에 조금 놀랐다. '뭐 이 정도로 짜증을 내지?' 하는 생각과 '왜 나는 짜증이 안 나는 거지?' 하는 생각이 동시다발로 들었다.

프랑스에서 근로자의 법적 휴가일은 일 년에 오 주지만 학교 선생인 에두아르의 경우는 사 개월이다. 물론 사 개월 전체를 완전한 휴가라고 할 수는 없다. 선생들은 방학 동안 신학기 수업 준비는 물론 방학 전에 내준 과제물도 채점해야 한다. 에두아르는 여행 중에도 수업에 사용하면 좋을 라틴어 현판을 발견할 때마다 사진을 찍어 모으고, 다음 학기에 강의할 문학 작품 속 배경을 여행지로 선정해 찾아가기도 한다.

물론 이런 일들을 사 개월간의 방학 동안에만 하는 것은 아니다. 맨날 한다. 일상에서도 하고 여행지에서도 한다. 말하자면 에두아르에게 여행은 일상의 연속이다. 일상처럼 여행하는 미친 책벌레는 시도 때도 없이 책 읽기, 중요한 물건 잃어버리기, 현금도 덩달아 잃어버리기, 넘어지고 자빠지기, 오지랖 떨다가 사람들에게 미움받기 기타 등등을 여행지에서도 그대로 되풀이한다.

결혼 전 나는 에두아르와는 다른 이유로 여행 같은 삶을 살았다. 나는 이십 대부터 삼십 년 가까이 이 나라 저 나라를 떠돌며 도망치듯 살아왔다. 소심한 이상주의자인 나는 가족을 사랑하면서도 버거워했다. 사랑했던 남자와의 이별조차 받아들이지 못해 오래 방황했다. 내가 힘겨움 앞에서 선택한 해결책은 매번 도망이었다. 그러면서도 비겁한 도망자가 되기 싫어 '여행'이라는 말로 포장하며 살아왔다. 그런 여행에 지친 나는 항상 정착을 꿈꾸며 살았다.

결혼해 프랑스에 살게 되면서 이제는 긴 여행을 끝내고 정착할 줄 알았다. 그러길 바랐다. 일상처럼 여행하는 남자와 결혼할 줄은 꿈에도 몰랐다. 에두아르는 책에만 미친 게 아니라 여행에도 미친 사람이다. 살면서 내내 정착을 꿈꿨던 내가 일상처럼 여행하는 남자와 결혼하다니. 이 무슨 아이러니란 말인가.

여행에 미친 책벌레와의 결혼생활에 적응하기까지는 꽤 오랜 시간이 걸렸다. 드넓은 아량과 쇠심줄 같은 인내심을 키워야 했다. 덕분에 이제는 스키 타러 가면서 논술 과제물 들고 가는 것도, 친구들에게 강의하느라 정작 하려던 일은 하지 못하는 것도 그러려니 하게 되었다. 잃어버려서는 안 되는 걸 잃어버리는 꼴을 보는 것도 아무렇지 않을 만큼 내공이 생겼다.

전화벨이 울렸다. 올리비에였다. 봉사활동으로 난민 학생들과 썰매를 타러 간 베로니크가 양쪽 발목 골절로 병원에 입원했다고 했다. 일행 모두가 크게 놀라며 걱정했다. 나는 걱정이 되면서도 웃음이 나왔다. 양쪽 발목에 깁스를 한 채 꼼짝없이 누워 있을 못 말리는 베로니크를 생각하니 예전 기억 하나가 떠올랐기 때문이다.

나는 몇 해 전에 스키장에서 오른쪽 발목이 부러져 철심을 다섯 개나 박는 수술을 받았다. 마취에서 깨어나자마자 떠오른 생각은 한 달 전에 예약해놓은 로마행 비행기 티켓이었다. 보름 뒤에 출발하는 비행기를 타고 로마 여행을 해도 될지 의사에게 물었다. 의사는 출발 전에 항응혈제 주사를 꼭 맞고 진통제와 목발을 챙겨 가고 싶으면 가고, 말고 싶으면 말라고 했다. 가라는 건지 말라는 건지 헷갈렸지만 나는 로마에 사는 동생에게 전화를 걸어 로마 여행 강행 소식을 알렸다.

"의사가 몇 가지만 조심하면 여행해도 된다고 했어."

로마 출발 당일 에두아르는 수업 때문에 공항에 동행할 수 없었다. 나는 혼자서 장애인용 콜택시를 이용했다. 공항 체크인 카운터는 길게 줄 서서 기다리는 사람들로 붐볐다. 붕대를 칭칭 감고 보호대까지 착용한 채 목발을 짚고 뒤뚱거리며 나타나자 항공회사 직원이 달려와 말했다.

"어서 오십시오. 마담은 줄을 서지 않으셔도 됩니다. 여권을 제게 주시고 이쪽에서 잠깐만 기다려주십시오. 저희가 알아서 처리해드리겠습니다."

지루한 표정으로 줄 서서 기다리던 사람들이 일제히 같은 얼굴로 나를 쳐다봤다. 그들의 얼굴에는 '그 몸뚱이로 꼭 싸돌 아다녀야겠냐? 집에 좀 있어라!'라고 쓰여 있었다. 나는 그들 의 마음이 충분히 이해되고도 남았다. 그런 모습으로 여행하 는 사람을 볼 때마다 나도 같은 생각을 했었다. 미안한 마음에 웃으면서 말했다.

"새치기하는 꼴이 돼서 죄송합니다. 저도 제가 왜 이 꼴로 싸돌아다니는지 모르겠습니다. 제가 미쳤나봅니다."

사람들이 동시에 웃음을 터뜨리며 '좋은 여행 하라'고 격려 해주었다.

여행이라면 '이젠 그만' 했던 내가 목발까지 동원해 네 발 로 여행을 감행한 이유는 무엇이었을까. 로마에 동생이 살고 있긴 했지만 그게 다는 아니었다. 나중에서야 깨달았다. 내 안 에 '정착'이라는 개념이 생겨났다는 것을.

여행은 돌아올 곳이 있을 때 가능한 것이다. 돌아올 곳 없 이 떠나는 여행은 방황이다. 결혼하고 몇 년이 지난 후 나는 마침내 에두아르와 지지고 볶으며 일상처럼 여행이 반복되는 결혼생활을 정착으로 받아들일 수 있었다. 그 꼴을 하고서도 여행을 하는 지경에 이른 나. 오랜 소망이 드디어 이뤄진 것이었다.

　다른 친구들은 베로니크를 보기 위해 병원으로 달려갔다. 에두아르와 나는 스키장에 남아 분실물을 찾아 헤맸다. 결국 못 찾았다. 따따블 빵점에 부모님까지 데리고 와야 할 아이들에게는 희소식이었다. 다음날 베로니크에게 줄 맛있는 초콜릿을 사면서 에두아르의 제자들에게 줄 초콜릿도 함께 샀다. 선생이 과제물을 잃어버렸으니 그 정도 아부는 떨어야 했다.

　우리가 병실에 도착했을 때 베로니크는 퇴원 후 난민 학생들과 떠날 당일치기 여행 계획을 세우고 있었다.

차례

ITALY

로마

돌기둥 사이에서 라틴어를 외치는 남자

로마의 8월은 골을 때린다.

뜨겁다 못해 따가운 햇살은 두피를 뚫고 들어와 뇌까지 쑤셔댄다. 그 아래 십 분만 서 있어도 아찔해진다. 2009년 8월 대낮의 로마에서, 두 시간 넘게 연신 떠들던 프랑스 남자는 무너진 돌기둥 사이를 헤집고 다니며 안경을 찾고 있었다. 나는 그 옆에 세 시간째 서 있었다. 햇살은 골을 때렸고, 남자는 골때렸다.

로마대학에 입학하고 처음 맞는 여름방학이었다. 이전 언어학교에서 만난 에두아르에게 전화가 왔다. 로마에 여행 왔다고 했다. '그래서 어쩌라고' 싶었지만 예의상 반가운 척했다. 스페인 광장에 있는 바르카차 분수대 앞에서 만나기로 약속했다. 나는 일 년 전에 만났던 에두아르의 얼굴이 잘 기억나지 않았다. '그가 나를 알아봐야 할 텐데' 하는 마음으로 주변을 둘러봤다. 멀리서 책이 잔뜩 든 비닐봉지를 들고 열심히 걸어오는 백인 남자가 보였다. 에두아르인 게 분명했다. 언어학교에서 처음 본 날도 그는 책이 든 비닐봉지를 들고 등장했었다. 언어학교 친구들은 에두아르를 '프랑스에서 온 비닐봉다리'라고 부르곤 했다.

이미 로마 현지인이었던 나는 관광객인 그가 가고 싶다는 곳에 동행하기로 했다. 에두아르가 택한 로마 여행의 첫 코스는 고대 로마의 중심지 '포로 로마노'였다.

"설마, 아직 안 가봤어?"

로마에 처음 온 것도 아닌 에두아르가 포로 로마노에 가고 싶다는 게 좀 이상했다. 포로 로마노는 로마를 찾는 모든 관광객이 반드시 거치는 곳이다.

"가봤지, 아주 여러 번. 그런데 그곳은 가도 가도 또 가고 싶은 곳이야."

햇살이 작열하는 한여름 대낮에는 특히 가고 싶지 않은 곳이지만 그와 함께 가고 싶은 곳이 따로 있는 것도 아니었다. 가고 싶은 곳이 분명한 그가 오히려 편했다. 로마에 살고 있다는 이유로 모든 여행코스를 내게 맡겨버리는 지인들이 나는 늘 부담스러웠다.

포로 로마노의 전경이 한눈에 보이는 캄피돌리오 언덕에서 에두아르는 세상 행복한 표정을 지었다. 그가 라틴어로 외쳤다.

Quo usque tandem abutere, Catilina, patientia nostra?
카틸리나여, 그대는 언제까지 우리의 인내심을 악용할 건가?[1]

뭐라는 건지 모르지만 왠지 멋있어 보였다. 모든 말이 못 알아들을 땐 그게 뭔소리든 멋있게 느껴지는 법이다. 내가 라틴어를 알아들을 리 없다는 걸 아는 에두아르는 자신이 외친 말의 의미와 유래를 설명하기 시작했다. 이야기는 기원전 63

년으로 거슬러 올라갔다. 내 식으로 번역해보자면 이렇다.

옛날 옛적 로마에 카틸리나라는 정치가가 있었다. 그는 막강한 권력을 휘두를 집정관이 되고 싶어 환장한 나머지 온갖 막돼먹은 짓을 해댔다. 그 사실을 잘 알았던 키케로라는 변호사이자 작가인 정치가가 그를 견제하고 나선 덕에 카틸리나는 집정관 선거에서 물을 먹고 만다. 그러자 카틸리나는 반란군을 조직해 로마를 통째로 먹어치울 계략을 세운다. 이 모든 것을 꿰뚫고 있던 키케로는 캄피돌리오 언덕에 있던 유피테르 신전에서 카틸리나의 만행을 폭로하는 연설을 했다. 연설은 방금 에두아르가 외친 문장으로 시작되었다.

에두아르의 기나긴 이야기를 천만분의 일로 줄인 것이다. 캄피돌리오 언덕에서 내려와 포로 로마노 안으로 들어가자 그는 갑자기 연극 무대에 올라간 배우처럼 외쳤다.

Romans, countrymen, and lovers, hear me for my cause, and be silent that you may hear. Believe me for mine honour, and have respect to mine honour, that you may believe.

로마인들이여, 동포들이여, 사랑하는 친구들이여! 내가 시저를 죽인 이유를 조용히 들어주시오. 나의 명예를 믿고 나를 존중해주시오.[2]

영어까지 못 알아들으면 쪽팔릴 것 같았다. 난처했다. 에두아르는 계속해서 연극배우처럼 문장을 읊었다.

this is my answer: not that I loved Caesar less, but that I loved Rome more.

이것이 내 대답이오. 내가 시저를 사랑하지 않아서가 아니라 내가 로마를 더 사랑했기 때문이라고.[3]

아, 셰익스피어의 희곡 《줄리어스 시저》에 나오는 대사구나. 나는 그의 말을 알아들었다는 걸 몹시 티내고 싶었다. "브루투스, 너마저도?"[4] 웬만한 사람은 다 아는 유명한 대사를 라틴어로 읊었다. 나의 무식함을 감추기 위한 수작이었다. 에두아르는 신이 났다. 곧바로 카이사르[5]에 대한 끝없는 장광설이 펼쳐졌다.

　나는 그동안 무식함을 감추기 위해 '아는 거 살짝 내비치기 기술'을 많이 사용했다. 대체로 효과적이었다. 하지만 그날 '아는 건 많은데 눈치라고는 코딱지만큼도 없어 보이는 사람' 앞에서는 그 기술을 함부로 사용하면 안 된다는 것을 톡톡히 경험했다. 그냥 입 다물고 있을걸 후회해도 소용없었다. 카이사르의 말대로 "주사위는 던져졌다."[6]

　아무리 그가 쉴 새 없이 이야기를 늘어놓는다 해도 그냥 입 다물고 듣는 척만 할 순 없었다. 나는 별로 친하지 않은 사람에게는 무척 예의 바른 편이다. 맞장구를 쳐준답시고 한마디 보탰다.

　"로마의 첫 황제 카이사르가 암살당한 곳에서 너의 설명을 들으니 더 흥미진진하구나."

　내 말이 끝나기가 무섭게 에두아르는 더 신이 나서 이야기를 이어갔다. 로마의 첫 황제는 카이사르가 아니라 그의 양아들 아우구스투스였고, 카이사르가 암살된 곳은 포로 로마노가 아니라 토레아르젠티나 광장 근처 폼페이우스 극장이라고 정정해주었다.[7] 그러곤 조금 있다가 근처에 가보자고 했다.

　토레아르젠티나 광장이라면 피부병 앓는 들고양이들이 득

포로 로마노의 북쪽에 있는 트라야누스 포룸

24

실대는 폐허가 아닌가. 나는 차마 싫다고 말하진 못했어도 표정까지 어쩔 순 없었다. 눈치가 상당히 없는 에두아르도 내가 썩 내켜 하지 않는 걸 알아챈 듯했다. 그는 두 시간째 이어지던 역사 강의를 멈추며 말했다.

"눈을 감고 상상해봐. 예전 이곳에서의 함성을."

그가 시키는 대로 나는 눈을 감고 상상했다.

우와~ 와~. 전쟁에서 승리하고 돌아오는 장군의 마차 소리와 그를 환영하는 로마인들의 함성이 들려오는 듯했다. 그 옛날 '포룸 로마눔'[8]의 개선식에 참여해 로마인들과 함께 함성을 질렀다. 이상했다. 심장이 뛰었다. 이전에도 포로 로마노에 여러 차례 가봤지만 그런 경험은 처음이었다. 에두아르에게 들은 역사 이야기들로 가슴이 벅차오르는 듯했다.

그때까지 나는 포로 로마노를 눈으로만 봐왔다. 단 몇 줄의 문장으로 그곳을 설명하는 가이드북을 생각 없이 들여다본 적은 있지만, 그곳에서 벌어졌던 일들을 머릿속으로 생생하게 상상해본 적은 없었다. 여기 어디선가 카틸리나는 음흉한 눈빛으로 음모를 꾸몄을 테고, 키케로는 그런 그를 도끼눈을 뜨고 째려봤겠지. 카이사르와 아우구스투스도 이곳을 활보했겠지? 그런 곳에 내가 지금 서 있는 것이다! 에두아르가 여러 번 가봤을 그곳에 왜 다시 가고 싶어 했는지 알 것 같았다. 역사 속의 사건과 인물을 바로 그 현장에서 상상해보는 것이 얼마나 가슴 벅찬 일인지 몰랐던 나는 그동안 놓쳤을 수많은 감동이 아까워 억울하기까지 했다.

역사는 가장 극적인 드라마다. 결론을 이미 알고 있는 드라마지만 전혀 싱겁지 않다. 결론을 절대 고칠 수 없는 실화이기 때문이다. 역사란 가장 편한 마음으로 볼 수 있는 드라마이기도 하다. 해피엔딩은 '그땐 그랬군' 하면서 흐뭇해진다. 새드엔딩이라 해도 크게 속상하지 않다. 이미 지난 과거의 일이고 지금은 마무리되었으니까. 인류의 지나간 이야기, 역사에는 오늘을 사는 우리 모두의 모습이 고스란히 들어 있다. 어떤 문제에 대한 해결책을 모를 때는 역사에서 해답을 찾을 수도 있다. 그래서 모두 역사를 알아야 한다고 입을 모아 이야기하는 건지도 모르겠다. 진즉에 그런 사실을 깨달았다면 학창시절 역사 점수가 그따위는 아니었을 텐데.

에두아르의 말소리가 또다시 들려왔다. 프랑스어였다. 눈을 떠보니 어떤 할아버지와 말을 나누고 있었다. 할아버지는 몹시 피곤하고 당혹스러운 표정이었다. 에두아르가 통역에 나섰다. 할아버지는 프랑스에서 오신 신부님인데 안경을 잃어버려 찾는 중이었다. 안경이 없으면 남은 여행이 많이 불편해서 반드시 찾아야 하는데 뜨거운 햇볕 때문에 기운이 빠져 쓰러질 것 같다고 했다. 에두아르는 신부님에게 우리가 안경을 찾아 관리소에 맡겨놓을 테니 숙소에 가서 쉬는 게 좋겠다고 했다. 내일 아침 찾으러 오면 된다고 안심시켰다. 나도 할아버지를 도와주고 싶었다. 하지만 우리가 안경을 찾을 수 있다는 에두아르의 확신은 대체 어디서 오는 건지 의아했다.

우리는 신부님이 숙소로 떠난 뒤 한 시간 넘게 안경을 찾아 헤맸다. 이 무슨 오지랖에 무모한 책임감이란 말인가. 어지럽게 널브러진 돌덩이들 사이에서 도저히 안경을 찾을 수 있을 것 같지 않았다. 뜨거운 햇살 아래 너무 오래 서 있어서 나도 쓰러질 판이었다. 정말 골때리는 상황이 아닐 수 없었다.

"혹시 누군가가 이미 안경을 주워서 관리소에 맡겼을 수도 있지 않을까?"

에두아르는 눈을 반짝이며 당장 가보자고 했다. 관리소에 문의하자 보관 중인 분실물 가운데 안경이 있다며 보여주었다. 하지만 그 안경이 신부님의 것인지 알 수 없었다.

"아까 신부님한테 안경테랑 디자인이 어떤 것인지 안 물어 봤어?"

"아차!"

기가 차서 말이 안 나왔다. 에두아르는 아는 것도 많지만 허당끼도 만만찮게 많은 듯했다. 이미 지칠 대로 지쳤던 나는 그냥 그 안경이 신부님의 것이라 믿기로 했다.

"그 할아버지 안경 맞을 거야! 안경을 잃어버리는 사람이 얼마나 되겠어? 디자인도 딱 할아버지 스타일이네."

내 말에 에두아르는 고개를 갸웃했다. 나는 그가 내 말을 믿든 말든 상관하고 싶지 않았다. 그냥 집에 가서 쉬고 싶었다. 그를 혼자 남겨두고 집으로 와버렸다.

에두아르를 그렇게 혼자 두고 온 것이 신경 쓰여 다음 날 전화를 했다. 그는 할아버지 신부님과 점심을 먹는 중이었다. 어제는 일단 호텔로 돌아갔다가 혹시 그 안경이 신부님 것이 아니라면 다시 찾아볼 요량으로 아침에 포로 로마노에 다시 갔는데 마침 안경을 찾으러 온 신부님을 만났다고 했다. 관리 소에서 보관하던 안경은 신부님 것이 맞았다. 에두아르는 신 부님이 고마움의 표시로 점심을 사주겠다고 해서 얻어먹고 있다고 자랑하듯 말했다. 신부님이 너무너무 고마웠다. 나는 그날도 에두아르가 만나자고 하면 무척 귀찮을 것 같아 걱정하던 참이었다. 신부님과 좋은 시간 보내라고 냉큼 말하곤 잽싸게 전화를 끊었다.

1 키케로, 직접 번역, 《카틸리나 반박문 *Orationes in Catilinam*》, Les Belles Lettres, 1969년

2 윌리엄 셰익스피어, 직접 번역, 《줄리어스 시저 *Julius Caesar*》, Éditions Robert Laffont, 1997년

3 윌리엄 셰익스피어, 직접 번역, 《줄리어스 시저 *Julius Caesar*》, Éditions Robert Laffont, 1997년

4 "브루투스, 너마저도?"는 로마 황제 율리우스 카이사르가 친구 브루투스를 포함한 무리에게 암살당하면서 브루투스를 향해 외쳤다고 알려진 말로 흔히 믿던 상대에게 배신 당했을 때 사용하는 유명한 인용문이다.

5 Caesar의 라틴어 발음이 '카이사르'이다. '시저'는 영어식 발음이다. 시저 생존 당시 로마에서는 라틴어를 사용했으므로 '카이사르'라고 표기했다.

6 다시 돌이킬 수 없는 상황을 가리키는 "주사위는 던져졌다"라는 말은 카이사르가 한 말로 알려졌으나 사실 카이사르도 이 문장을 인용한 것이다. 카이사르가 고대 그리스의 극작가 메난드로스의 작품에서 이 구절을 인용했다는 설도 있으나, 메난드로스 또한 이 구절을 직접 만든 것이 아닐 수 있다. 고대 그리스에서 일반적으로 사용되던 관용구일 가능성이 크다.

7 2009년 당시만 해도 카이사르가 폼페이우스 극장에서 암살되었다고 알려져 있었다. 2012년 10월 스페인 국립연구협의회 고고학팀 연구진이 토레 아르젠티나 광장에서 폭 3미터, 높이 2미터의 구조물을 발견해 카이사르가 암살된 정확한 위치를 알아냈다.

8 포룸 로마눔(Forum Romanum)은 포로 로마노(Foro Romano)의 라틴어 명칭이다. 책에서는 이탈리아 현지 명칭인 '포로 로마노'를 주로 사용했다.

FRANCE

그르노블

알프스에 펼쳐진 사랑의 파노라마

'내가 무슨 잘못을 한 거니? 너의 침묵을 내게 이해시켜줄 수 있겠니?'

이렇게 시작하는 에두아르의 메일이 도착했다. 로마에 다녀간 후 에두아르는 거의 매일 메일을 보냈다. 본인이 하루 동안 무엇을 했는지, 어떤 책을 읽었는지 보고하는 듯했다. 나는 그의 메일이 상당히 귀찮았다. 몇 번 답장을 보내다가 그만둔 지 오래였다. 그러자 에두아르가 이런 의미심장한 메일을 보낸 것이었다.

잘못? 뜬금없이 무슨 잘못? 침묵? 나는 그저 매일 오는 메일에 답할 의무감도 시간도 없었던 것뿐인데. 이 사람은 그것을 '침묵'으로 받아들였다는 건가? 황당했다. 뭐라고 답해야 할지 모르겠지만 답장을 보내긴 해야 할 것 같았다.

'나는 요즘 너무 바쁘게 지내고 있어. 너도 알다시피 내 이탈리아어 수준으로 로마대학의 강의를 듣는 건 정말 힘든 일이야. 특히 역사언어학 수업은 너무 어려워. 난 요즘 '그림의 법칙'[1] 때문에 돌아버리겠어. 그림이라는 작자는 동화나 수집하고 쓰지 왜 이런 법칙을 만들어서 사람을 괴롭히는지 모르겠어. '그림'을 죽여버리고 싶어. 그럼 나는 바빠서 이만. 챠오!'

이 정도면 알아듣겠지. 본인의 메일이 내게는 '그림의 법칙'보다도 의미 없다는 것을.

나는 로마 제1대학 일학년생으로 조금 긴 '인생의 바캉스'를 보내는 중이었다. 오 년 동안 함께했던 사람을 더 이상 볼 수 없다는 걸 받아들이는 데 일 년이 걸렸다. 이별을 받아들인 후에도 그 사람이 보고 싶어 힘들었다. 그를 머릿속에서 완전히 지우기 위해 로마에 갔다.

고통은 수시로 사람들이 사는 장소와 연관되고, 그래서 그들은 여행의 필요성을 느끼는데, 그것은 행복을 찾기 위해서가 아니라 자신들의 슬픔을 몽땅 흡수한 것처럼 보이는 물건들로부터 달아나기 위해서다.[2]

소설가 김영하가 《여행의 이유》에서 인용한 데이비드 실즈의 말이다. 나는 그와 함께했던 곳에서 달아난 것이다. 삼십대 중반의 프리랜서 아시아 여자가 가장 쉽게 장기체류증을 받는 방법은 유학이었다. 머릿속에서 그 사람을 지우기 위해 한창이던 나는 역사언어학 공부로 바쁠 틈이 없었다. '그림의 법칙' 따위는 나를 전혀 괴롭히지 못했다. 내 답장은 모두 거짓말이었다.

곧바로 에두아르의 메일이 도착했다.

'그림은 네가 죽이지 않아도 오래전에 이미 죽었어. 네가 살인자가 되지 않아도 돼서 나는 너무 기뻐. 그리고 우리 프랑스인들도 '챠오'라는 말을 쓰는데 우린 헤어질 때만 그렇게 말해. 프랑스에서는 만나고 헤어질 때 '살뤼'라고 하지. 그럼 또 쓸게! 내 메일에 매번 답하지 않아도 괜찮아. 살뤼!'

매번 답을 하지 않아도 된다는 말이 제일 마음에 들었다. 성탄방학이 다가올 무렵 날아온 메일에는 파일 두 개가 첨부되어 있었다. 리옹행 비행기 티켓과 리옹공항에서 출발하는 그르노블행 리무진 티켓이었다.

그르노블? 에두아르는 그르노블에 있는 한 국제고등학교에서 라틴어와 문학을 가르치는 선생이라고 본인을 소개했었다. 도시명도 까먹고 있었다. 나는 그르노블이 어디에 붙어 있는지도 몰랐다. 그곳엘 가야 하나? 별로 내키지 않았지만 거절하기도 힘들었다. 그때나 지금이나 나는 친하지 않은 사람에게는 무례하게 굴지 못한다.

크리스마스를 프랑스에서 보내는 것도 나쁘지 않을 것 같았다. 어느덧 나는 크리스마스를 누구와 보내느냐보다 어디에서 보내느냐가 더 중요한 사람이 돼 있었다. 비행기 푯값은 그에게 정산하면 되겠지. 그러면 부담감도 없을 터였다.

그르노블의 첫인상은 우중충했다. 프랑스 하면 떠오르는 예쁘고 깨끗한 도시와는 거리가 멀었다. 구시가지를 벗어나면 시멘트로 올려진 멋대가리 없는 건물들뿐이었다. 어디서나 알프스가 보인다는 것 외엔 어떤 매력도 느끼지 못했다.

"프랑스의 모든 도시가 파리 같지는 않구나."

내 말이 무슨 뜻인지 에두아르는 금방 알아들었다.

"대신 산이 있잖아. 알프스를 더 잘 보여줄게!"

그는 알프스가 더 잘 보이는 곳으로 올라가는 케이블카 정류장으로 나를 데려갔다. 동그란 경단 모양의 케이블카 네 대가 조르륵 붙어 있었다. 현지에서는 '그르노블의 거품들'이라는 애칭으로 불렸다. 나는 사방이 유리로 된 엘리베이터도 못 탄다. 고소공포증이 심하기 때문이다. 다리에 힘이 풀려 쓰러지거나 호흡 곤란을 겪는다. 케이블카는 엄두도 못 낸다. 그런 사정을 열심히 설명했건만 에두아르는 막무가내로 티켓 두 장을 사버렸다. 그러곤 뒤에 서 있는 남자들에게 가서 뭐라고 부탁하는 듯했다. 그들은 웃으면서 '오케이'라고 했다. 에두아르는 나를 끌어당겨 케이블카에 태웠다. 한 대에 네 명이 정원인 듯한데 뒤에 서 있던 남자들은 우리와 함께 타지 않고 다음 케이블카를 탔다.

둘이서만? 이러려고 뒤에 있던 남자들에게 부탁했나? 에두아르는 보기와 달리 엉큼한 구석이 있는 것 같았다. 그의 허당스러운 분위기에 방심했던 나는 조심해야겠다고 생각했다. 케이블카가 출발했다. 조심해야 할 것은 에두아르가 아니라

이제르강 위를 건너는 그르노블의 케이블카. photo by 에두아르

내 몸 상태였다. 온몸이 얼음처럼 굳고 숨을 쉴 수가 없었다. 다리에 힘이 풀려 바닥에 주저앉고 말았다. 에두아르가 그런 나를 일으키려 했다. 나는 버럭 소리를 질렀다.

"움직이지 마! 내 몸에서 손 치워! 건들지 마!"

"너를 도와주려고 하는 거야."

"돕지 마!"

케이블카에서 내려 정신을 좀 차리고 나자 그에게 소리친 게 미안했다.

"소리 질러서 미안해. 아까는 패닉 상태였어. 고소공포증이 질환인 거 알지?"

"그럼 너는 나하고 산에는 같이 못 가겠구나. 나는 등산을 아주 좋아하는데."

케이블카를 타고 도착한 곳은 '바스티유 요새'[3]라는 곳이었다. 잠시 시무룩한 표정이었던 에두아르는 이내 활기를 띠며 떠들기 시작했다. 전망대에서 그르노블의 전경을 비롯해 도시를 가로질러 흐르는 이제르강, 무엇보다 베르코르와 샤르트뢰즈, 벨돈으로 이어지는 알프스산맥을 감상할 수 있어 많은 관광객이 찾는 곳이라고 했다. 그곳의 아름다움에 대해 프랑스 작가 스탕달은 "백 걸음마다 바뀌는 바스티유의 경이로운 전망을 표현할 힘이 내게는 없다"[4]고 썼다.

나는 파노라마처럼 펼쳐진 알프스산맥의 경이로운 아름다움에 감탄했다. 그중에서도 유독 웅장한 벨돈산을 한참 바라보았다. 머릿속이 깨끗이 비워지는 듯했다. 지우고 싶었던 모든 기억을 지워버릴 수 있을 것 같았다.

"스탕달 알지?"

"알지. 나는 그 작가 별로 안 좋아해. 《적과 흑》은 정말 읽기 힘든 소설이었어."

"나도 그 소설 별로야. 그런데…"

에두아르는 잠시 말을 멈추더니 시를 낭독하듯 문장을 읊었다.

잘츠부르크의 소금 광산 깊은 곳에 겨울 잎이 떨어진 나뭇가지를 던져둔 후 두세 달이 지나 꺼내 보면 그것들은 결정結晶들로 반짝인다. (중략) 나뭇가지의 원래 모습을 알아보기란 힘들다. 내가 결정화라고 부르는 것은 사랑하는 대상의 모든 모습에서 새로운 장점을 끌어내려는 영혼의

작용이다.[5]

"스탕달이 쓴 《연애론》에서 내가 제일 좋아하는 부분이야. 스탕달은 사랑이란 몇 가지 단계를 거치면서 발전하는데, 그 단계 중에 두 번의 '크리스탈리자시옹'이 있다고 했어."

"크리스털? 깨지기 쉽다는 소린가?"

"크리스털이 유리냐? 크리스털은 잘 안 깨지거든. 크리스탈리자시옹은 '결정 작용'이라는 의미야. 스탕달은 사랑이란 일곱 단계를 거치며 진행된다고 했어. 상대에 대한 '감탄'으로 시작해 '접근'하게 되고, '희망'을 갖게 되면서 드디어 '사랑이 탄생'하는데, 그다음에 나타나는 감정을 '제1차 크리스탈리자시옹'이라고 했지. 그가 말한 첫 번째 크리스탈리자시옹이란 사랑하는 상대가 무슨 짓을 해도 반짝이는 크리스털처럼 예뻐 보이게 된다는 거야. 너도 누군가가 그렇게 보인 경험이 있겠지? 나는 사랑의 단계에서 이 결정화 단계가 정말 좋아."

"그 단계를 누가 싫어하겠냐? 그다음 단계는 뭐래?"

"의혹. 상대의 사랑을 의심하기도 하고, 자기가 느끼는 사랑이라는 감정이 진짜 사랑일까 의심하게 되는 단계. 인정하고 싶지 않지만 사실이지. 그래서 많은 연인은 이 여섯 번째 단계에서 이별하게 되지만, 이 고비를 넘기면 제2차 크리스탈리자시옹 단계로 발전한다는 거야. 두 번째 결정화 단계까지 이르면 연인은 서로에 대해 신뢰할 수 있게 된다고 해. 서로가 믿음으로 단단히 묶이는 단계라고 할까?"

먼 산을 멍하니 바라보았다. 그 사람 얼굴이 떠올랐다. 우리는 일곱 번째 단계까지 도착했던 것 같은데…. 그 단계에 정착하지 못한 거였구나. 스탕달이 사랑을 일곱 단계로 정의한 것은 그다음 단계, 여덟 번째 단계부터는 사랑이 아니기 때문일까? 여덟 번째 단계는 이별일까? 이별 후 남는 감정은 미련일 뿐일까? 미련은 더 이상 사랑이 아닐까? 나는 겨우 미련을 지우려고 이곳까지 온 것일까? 아니다. 나는 내가 했던 사랑에 예의를 갖추고 싶었다. 고작 사랑 따위라고 취급하고 쉽게 털어내면 그 사랑을 한 나도 고작 그것밖에 안 되는 사람이 되어버리는 것일 테니까.

"무슨 생각 해?"

에두아르의 말소리에 정신이 들었다. 그가 여자였으면 좋았을 텐데 싶었다. 그러면 사랑의 여덟 번째 단계에 대해 편하게 말을 꺼낼 수 있을 것 같았다. 친한 남자사람 친구라면 모를

그르노블을 병풍처럼 감싸는 눈 덮인 벨돈의 웅장한 모습

까 친하지도 좋아하지도 않는 외국 남자와 나누고 싶은 대화
는 아니었다.

"아무 생각 안 해. 근데 갑자기 크리스탈리자시옹 이야기
를 왜 나한테 하는 거야?"

"그냥 스탕달 이야기를 하다 보니 생각났어. 내일은 스탕
달박물관에 같이 가자. 스탕달 고향이 그르노블인 거 알아?"

몰랐다. 내가 그르노블에 대해 아는 건 1968년에 제10회
동계올림픽이 열렸던 곳이라는 것밖에 없었다. 에두아르는 내
가 그르노블에 대해 전혀 공부하지 않고 온 것에 실망하는 눈
치였다. 그가 실망하든 말든 상관없었다. 미안하지도 않았다.
내게 묻지도 않고 비행기 티켓을 보낸 건 그였으니까.

우리는 시내에 있는 몇몇 박물관을 둘러보고 샤르트뢰즈
크로스컨트리 스키장에서 스키를 탔다. 에두아르는 스키를 아
주 잘 탔다. 크리스마스 당일에는 그의 친구 장 프랑수아의 댄
스파티에 같이 갔다. 그는 춤을 아주 못 췄다.

로마로 돌아오는 날 공항에서 에두아르에게 비행기 푯값
을 건넸다. 잠시 머뭇거리다 돈을 받은 그가 진지하게 말했다.

"우리… 그만 만나는 게 좋지 않을까?"

나는 순간 빵 터졌다. 에두아르는 황당하다는 표정으로 나를 쳐다봤다. 우리가 언제 만나기나 했어야 그만 만나는 게 좋든 말든 할 것이 아닌가? 어이가 없었다. 내가 할 수 있는 대답은 뻔했다.

"나는 친구 돈 보증 섰다가 폭망했을 때만 그 친구를 그만 만나. 살뤼! 에두아르!"

1   그림의 법칙(Grimm's law)은 독일의 언어학자 야코프 그림이 정리한 법칙으로, 인도유럽어족에 속하는 게르만어파의 언어와 고전 언어인 그리스어, 라틴어, 산스크리트어 사이에 공통적으로 보이는 음의 대응규칙이다. '제1차 자음추이'라고도 불린다. 야코프 그림은 《백설 공주》, 《헨젤과 그레텔》 등을 수집한 동화작가로 동생 빌헬름 그림과 함께 '그림 형제'라는 이름으로 더 많이 알려졌다.

2   데이비드 실즈, 김명남 옮김, 《문학은 어떻게 내 삶을 구했는가 How literature saved my life》, 책세상, 2014년

3   바스티유 요새(Fort de La Bastille)는 본래 1370년에 파리의 동쪽 성문인 생앙투안 관문으로 오는 적을 견제하기 위해 건축되었다. 1814년 퐁텐블로조약과 파리조약으로 그르노블이 '사르데냐 왕국'과 마주한 국경지가 되자 루이 18세가 국경에 군사 주둔의 필요성을 느껴 기존의 낡은 요새를 업그레이드하면서 지금의 바스티유 요새가 탄생하게 되었다.

4   스탕달, 직접 번역, 《여행자의 추억 Mémoires d'un touriste》, Folio classique, 2014년

5   스탕달, 직접 번역, 《연애론 De l'amour》, Folio classique, 1980년

FRANCE

아를

별이 빛나는 밤과 동병상련의 우정

그르노블에서 돌아온 나는 호메로스의 《오디세이아》 수업에 푹 빠져 지냈다. 리듬감 있는 운율의 명문장들을 이탈리아어로 읽고 듣는 것이 좋았다. 질풍노도 문학의 전설, 전 세계 문학의 교과서 《오디세이아》를 제대로 이해하고 분석하기에는 이탈리아어 실력이 턱없이 부족했지만, 마음은 편안해졌다. 매일 지우려고 애쓰던 서울의 그 사람이 떠올라도 견딜 만했다. 그저 어떻게 지낼까 궁금해지다 이내 잘 지내겠지 생각하게 되었다.

마티아라는 절친도 생겼다. 마티아와 나는 늘 붙어 다녔다.

51

가끔 우리가 사귀는 줄 아는 친구들도 있었다. 그런 오해를 받을 때면 마티아는 성질을 냈다. 나는 마티아보다 스무 살이나 많다. 나라도 성질을 냈을 것이다. 마티아의 소원은 짝사랑하는 여자의 손을 잡아보는 것이었다. 내가 그만큼 가르쳐줬는데도 마티아는 짝사랑의 손을 잡아보지 못했다. 이탈리아에도 십팔 년 동안 좋아하는 여자 손 한 번 못 잡아본 고구마가 존재한다는 게 신기했다. 나는 그런 마티아가 참 답답하면서도 귀여웠다.

부활절이 다가올 무렵 한동안 연락이 없던 에두아르에게 메일이 왔다. 그동안 많이 아팠다며 부활절 방학 때 아를에 같이 가지 않겠냐고 했다. 나는 《오디세이아》와 빈센트 반 고흐 사이에서 갈등했다. 아를은 아주 오래전부터 꼭 가보고 싶은 곳이었다. 고흐가 사랑한 도시, 아를. 어릴 적 그의 그림 〈아를의 침실〉을 얼마나 좋아했던가? 하지만 이탈리아에는 부활절 방학이 따로 없었다. 부활절 방학이 이 주씩이나 되는 프랑스와 달리 이틀 정도만 쉬었다. 한창 빠져 있던 《오디세이아》 수업을 빼먹어야 했다. 가뜩이나 못 따라가는 수업을 빼먹어도 될까? 결국에 함께한 시간이 훨씬 오래된 고흐가 이겼다. 《오디세이아》는 마티아에게 맡기기로 했다. 강의를 잘 듣고 필기를 꼼꼼하게 해놓으면 점심도 사주고 그 여자 손을 잡을 확실한 방법도 알려주겠다고 했다.

약속장소는 리옹의 생텍쥐페리공항이었다. 에두아르는 그동안 정말 많이 아팠는지 핼쑥해져서 나타났다. 그는 아를에 가기 전에 아비뇽에 잠깐 들르자고 했다. 공항에서 7번 고속도로를 타고 남쪽으로 두 시간 반쯤 내려가자 아비뇽이었다.

"아! 여기가 바로 피카소의 〈아비뇽의 여인들〉의 바로 그 아비뇽이구나!"

에두아르는 피식 웃더니 들고 있던 책으로 내 머리를 탁 때리며 말했다.

"그 아비뇽은 스페인 바르셀로나에 있는 아비뇽 거리의 아비뇽이고! 뭐, 그 거지 같은 그림의 아비뇽이 어디에 있는 아비뇽인지가 뭐가 중요하겠냐?"

"너 피카소 싫어하는구나?"

"응, 안 좋아해. 그래도 대단한 사람이라고 생각해. 그렇게 특이하고 지루한 그림을 그려서 유명해질 수 있는 것도 재주잖아."

"설마 고흐도 싫어하는 건 아니지? 나, 고흐 때문에 여기 왔거든. 고흐가 있었던 정신병원에도 가보고 싶고, 고흐가 그린 아를의 그 카페도 꼭 가보고 싶어. 만약 너 고흐 싫어하면 나 혼자 갔다 올게."

"나도 같이 갈 거얏!"

에두아르는 발끈해서 성질을 냈다. 갑자기 왜 저래?

아비뇽교황청에 도착한 에두아르는 언제 발끈했었냐는 듯이 열띤 강의를 시작했다. 그의 길고 딱딱했던 강의를 요약해 보자.

10세기경부터 황제와 교황들은 서로 더 많은 권력을 갖기 위해 치열하게 밀당을 했다. 1300년대 초 보니파시오 8세는 평소 욕먹어도 싼 짓을 골고루 하는 교황이었는데, 당시 프랑스 국왕이었던 필립 4세와 사이가 무척 나빴다. 얼짱에다 유능했지만 한 성깔 하던 필립 4세는 교황의 별장이 있는 이탈리아의 아나니로 군사 300명을 보내 보니파시오 8세를 생포해버린다. 이때 보니파시오 8세와 원수였던 시아라 콜론나라는 로마 원로원 의원이 필립 4세의 군대를 따라가 교황의 뺨따귀

를 때리고 쌍욕을 한 사건이 벌어졌으니, 그것이 바로 1303년에 벌어진 '아나니 사건'이다. 험한 꼴을 당한 보니파시오 8세는 얼마 후 열 받아 죽고 만다. 이 사건 이후 교황들은 필립 4세 밑에서 절절매는 신세가 된다. 1305년 프랑스 출신의 베르트랑 추기경이 클레멘스 5세라는 이름으로 교황이 되자 필립 4세는 교황청을 프랑스 남부지방으로 이전할 것을 요구한다. 그리하여 교황 클레멘스 5세는 1309년 교황청을 프랑스 남부 아비뇽으로 옮기게 된다. 많은 사람들이 교황청은 항상 로마에 있었다고 생각하지만, 14세기의 약 70년간은 아비뇽에 있었다.

교황청에서 나와 드디어 아를로 출발했다. 아비뇽에서 아를까지는 차로 한 시간도 안 걸리는 거리인데 에두아르는 멀리 우회하며 내게 프로방스의 풍경을 보여줬다. 차창 밖으로 노랑노랑 샛노란 유채밭과 보라보라 찬란한 보랏빛 라벤더밭이 끝없이 펼쳐졌다. 나는 그 극명한 색의 대비와 조화에 입을 다물지 못했다. 파란 밤하늘과 노란 조명 아래의 카페. 고흐의 그림 〈아를의 포룸 광장의 카페 테라스〉를 처음 봤을 때가 떠올랐다. 파랑과 노랑을 어떻게 같이 사용할 생각을 했을까? 노랑 옆에 파랑을 떡칠했는데 어떻게 촌스럽지 않을 수 있지? 어떻게 이토록 사람의 마음을 온전히 끌어당겨 녹여버릴 수 있지? 감탄했었다. 아를에 도착하기도 전에 나는 아를 여행에 빠져들었다. 프로방스의 봄은 노랑과 보라다!

아를에 도착했을 때는 이미 늦은 밤이었다. 하늘에는 수많은 별이, 거리에는 노란 가로등이 반짝이는 아를의 밤은 고흐의 〈별이 빛나는 밤〉보다 훨씬 더 낭만적이었다. 이왕이면 고흐가 그린 그 카페에서 저녁을 먹고 싶었다. 세계적 팬덤을 가진 화가의 작품 속 장소라는 명성에 걸맞게 카페는 관광객들로 넘쳐났다.

근처 다른 카페에서 저녁을 먹고 아를의 밤거리 산책에 나섰다. 노란 조명 아래서 묘하게도 푸르게 빛나는 건축물이 눈에 들어왔다. 1세기경 로마인들에 의해 지어진 원형경기장이다. 로마의 콜로세오를 작게 축소한 듯 보이는 아를의 원형경기장은 규모가 작아서일까, 웅장한 로마의 콜로세오에서 느낄 수 없는 아늑함과 포근함이 있었다.

원형경기장 앞에서 에두아르는 걸음을 멈추고 물었다.

"넌 지난 몇 달 동안 내가 어디가 아팠는지 안 궁금해?"

빈센트 반 고흐, 〈아를의 포룸 광장의 카페 테라스〉, 1888년 ⓒ 퍼블릭 도메인

안 궁금했다. 그렇다고 솔직하게 안 궁금했다고 할 순 없는 노릇이었다. 예의를 갖출 수 있는 말을 머릿속으로 찾았다. 일본어에는 이런 상황에 쓸 수 있는 표현들이 참 많은데, 이탈리아어로는 뭐라고 해야 하는지 모르겠다. 그러는 사이 에두아르가 먼저 이야기를 시작했다.

"이 년 전에 사랑하던 여자와 헤어졌다는 얘기는 했었지? 그런데 작년 연말 네가 그르노블에 다녀간 후 그녀가 동거 중이던 남자 사이에서 아이를 낳았다는 소식을 들었어. 그녀와의 이별을 잘 정리했다고 생각했는데, 그 소식을 듣는 순간 마음이 무너지는 거야. 배도 고프지 않고 잠도 오지 않았어. 축하 메시지를 보냈더니 아이를 안고 행복하게 웃는 모습의 사진을 보내왔더라고. 그 사진을 보면서 정말 펑펑 울었어. 그렇게 울고 나선 며칠 동안 고열에 시달렸어. 이 말을 왜… 네게 하는지 모르겠다."

나는 그게 어떤 아픔인지 잘 안다. 그의 이야기를 들으며 내 마음도 아팠다.

"지금은… 괜찮아? 덜 아파?"

"아니, 덜 아프지는 않고… 안 아파."

분위기를 바꾸고 싶었다.

"뭐야, 겨우 삼 개월 아팠던 거야? 치사하게. 나는…."

"너는 뭐?"

나는 내 이야기를 들려주었다. 내가 왜 로마까지 오게 되었는지. 나 역시 왜 그 이야기를 에두아르에게 했는지 모르겠다. 우리를 아늑하게 감싸는 아를의 푸른 밤이 마법이라도 부린 듯했다. 이야기를 들은 에두아르는 내 머리를 가볍게 톡 치더니 씩 웃으며 말했다.

"너, 참 대책 없는 인간이구나!"

이튿날 에두아르는 본인의 주특기를 살려 아를의 모든 문화유산 유적지에 나를 끌고 다녔다. 그는 마치 기원전 123년 고대 로마제국에서 파견 나온 선생 같았다.

아를은 기원전 6세기경 지중해의 켈트족이 점령했던 도시로 당시의 도시명은 '아레라떼'였다. 이곳에 로마인들이 이주해 온 것은 기원전 123년이다. 그들은 기원전 104년에 지중해로 이어지는 운하를 건설하며 아를을 주요도시로 부각시킨다. 이어서 원형경기장과 고대극장을 비롯해 지하 회랑과 포룸 광장 등을 건설하며 아를에 활기를 불어넣었다. 현재 아를에 보존된 고대 로마의 모든 유적은 1981년에 유네스코 세계문화유산으로 등재되었다.

하루종일 에두아르의 충실한 역사수업을 듣다 보니 지치고 졸렸다. 카페인이 필요했다.

"나 지금 좀 피곤한데, 잠깐 카페에서 쉬었다가 마저 돌아보자. 어제 못 갔던 고흐의 카페에서 커피 한잔 어때? 내가 쏠게!"

나는 에스프레소를, 에두아르는 사과파이를 주문했다. 사과파이를 맛있게 먹으며 에두아르가 불쑥 말을 꺼냈다.

"네가 어제 한 이야기 말인데 그런 이유라면 굳이 로마에 있을 필요가 없잖아? 그르노블에 와서 프랑스어를 공부해보면 어때? 내가 도와줄게. 나 프랑스어 선생이잖아. 나 프랑스어 진짜 잘해!"

"뭐? 그르노블? 파리라면 모를까 그르노블 난 별로야."

내 말에 에두아르는 눈을 동그랗게 뜨며 말했다.

"만약 파리라면 프랑스 와서 살아볼 생각이 있는 거야?"

말이 말 같지 않아서 대꾸도 안 했다. 그러자 에두아르는 정말 황당한 질문을 했다.

photo by 에두아르

"너 돈 많아?"

다짜고짜 돈이 많냐니. 이게 미쳤나?

"아직 몇 년 놀고먹을 돈은 남아 있다, 왜? 내가 이래 봬도 한때 엄청 잘나갔거든."

"그 돈 다 떨어지면? 그다음은 어떻게 할 건데?"

그건 그때 가서 생각할 거다. 설마 굶어 죽겠냐.

"너 지난번에 스탕달의 《적과 흑》싫어한다고 했지? 나도 그 소설 별론데 지금 생각나는 문장이 하나 있어. '나는 자네의 찬란할 앞날을 배고픔으로 망치게 하고 싶지 않네.' 쥘리엥에게 주교가 한 말이야."

똥 싸서 뭉개는 소리 하고 있네.

"너나 잘사세요."

나도 모르게 진심을 말하고 말았다. 그 정도 말은 해도 될 만큼 에두아르와 친해진 느낌이었다. 전날 밤 서로에게 속내를 털어놓았기 때문인 것 같았다. 서로의 상처를 드러내고 나면 우정이 싹트고 또 깊어진다. 그 이유는 잘 모르겠다. 우정을 키우는 것은 동병상련일까? 아니면 상대적 안도감일까?

카페에서 나와 조금 걷는데 에두아르가 갑자기 '와!' 하고

소리를 질렀다,

"악트쉬드 본사다!"

흥분해서 팔짝팔짝 뛰는 모습이 딱 미친놈이었다. 평범해 보이는 서점인데 왜 저렇게 난리지? 그의 뒤를 따라 서점 안으로 들어가고 나서야 그 이유를 알았다. 예사롭지 않은 서점이었다. 서점에 책이 많은 건 당연하지만 그냥 많은 게 아니었다. 무진장 많았다. 나도 모르게 탄성이 흘러나왔다.

아직 흥분 상태인 에두아르가 목소리를 낮추며 말했다.

"너 여기가 얼마나 대단한 곳인지 알아? 여기 1970년대 말에 일인 독립출판사로 시작한 출판사인데, 지금은 프랑스를 대표하는 출판사 중 하나가 된 어마어마한 곳이야. 이 서점은 그 출판사가 운영하는 곳이고. 이 건물 이삼 층에 출판사가 있어. 악트쉬드는 정말 좋은 책들만 출판해! 그게 이 출판사의 성공 비결이야. 아무도 거들떠보지 않던 일인 출판사였던 이곳에서 공쿠르상 수상 작가를 배출하고 여러 가지 문화행사를 기획해서 아를을 프랑스 남부지방의 문화 중심지로 만들었어. 여기가 그런 곳이라고! 정말 대단하지 않냐? 이곳에서 번역 출판한 외국 서적들도 정말 좋은 작품들이 많아. 분명 한국 작품들도 있을 거야. 한번 확인해봐!"

나는 에두아르가 시키는 대로 아시아 문학 코너를 살펴봤다. 깜짝 놀랐다. 그렇게 많은 한국 소설을 로마의 서점에서는 본 적이 없었다. 제일 먼저 눈에 들어온 책은 조세희의 《난장이가 쏘아올린 작은 공》이었다. 어릴 적 수많은 생각을 하게 해주었던 소설이 프랑스어로 번역되었는지 미처 모르고 있었다. 'CHAE MANSIK'이라는 이름이 보였다. 혹시 《레디메이드 인생》의 그 채만식? 말도 안 돼. 한국의 1930년대 문학이 프랑스어로 번역됐다고? 옆으로는 이문열, 박완서, 윤후명, 최인호 등등의 익숙한 이름들이 보였다. 정말 끝내주는 셀렉션이었다. 이것이 바로 문화강국 프랑스의 힘이구나! 갑자기 프랑스에 살아보는 것도 괜찮을 것 같다는 생각이 들었다.

에두아르는 조금 떨어진 곳에서 책에 열중하고 있었다. 그를 보자 방금 했던 생각이 조건문으로 바뀌었다.

'저 인간만 없으면 프랑스에서 살아보는 것도 정말 괜찮을 것 같다.'

FRANCE

파리

허당끼 충만 파리지앵의 이중생활

나는 어느덧 로마 제1대학 삼학년이 되었다. 시간은 약이다. 더 이상 그 사람의 얼굴이 떠오르지 않았다. 에두아르는 꾸준히 연락을 해왔다. 파리에 인접한 뇌이쉬르센이라는 곳의 명문 사립고등학교로 일자리를 옮겼다는 소식도 전해왔다. 새로 얻은 아파트는 파리 근교의 생제르맹앙레에 있다고 했다. 나는 '좋은 학교에서 일하게 된 것을 축하한다'라는 메시지를 보냈다.

삼학년이 되면서 나는 마흔이 되었다. 나이는 먹고 돈은 없고. 스스로 생각해도 대책 없는 '미친년'이 아닐 수 없었다. 이제는 그만 떠돌고 서울로 돌아가야겠다고 마음먹었다. 단절된 경력을 만회하기 위해 궁리하던 어느 날 나는 사고를 치고 말았다. 한국의 대형출판사 편집자인 친구가 '한 달쯤'이라는 여행 에세이 시리즈의 '로마 편'을 써보지 않겠냐며 이메일을 보내왔다. 먼저 프롤로그를 써서 보냈더니 마음에 들었는지 계약서를 쓰자고 했다. 거기까지는 좋았다. 그런데 그들은 로마에서 파리가 멀지 않으니 '파리 편'까지 써달라고 했다. 취재비는 인세와 별도로 지급하겠다는 달콤한 조건까지 제시했다. 나는 그 제안을 넙죽 받아들이고 말았다.

파리는 오래전 동생과 일주일 다녀온 게 다였다. 파리에 대해 아는 것이 전혀 없었다. 에두아르의 도움이 절실했다. 아니, 그를 이용해야만 했다. 미친년이 나쁜 년이 되는 건 시간문제였다.

로마에 관한 여행 에세이를 쓰게 되었다는 소식에 마티아는 자기 일처럼 좋아했다. 자기가 도울 수 있는 일이면 뭐든 하겠다고 했다. 든든했다. 《한 달쯤, 로마》를 쓰는 내내 마티아는 나와 함께했다. 우리는 로마에서 가장 맛있는 커피집을 찾기 위해 하루에 열두 잔의 커피를 마시고, 잠을 못 자 빨개진 눈으로 다음날 또 커피를 마시러 다녔다. 며칠 사이 육십 잔 정도의 커피를 마신 후에는 하루에 예닐곱 개의 젤라또와 파니노를 먹느라 배가 터질 것 같았다.

원고가 어느 정도 완성되었을 때 나는 파리행 비행기를 예약했다. 《한 달쯤, 파리》를 쓰게 되었다고 하자 에두아르는 아무 걱정도 하지 말라는 말부터 했다. 자기가 다 알아서 해주겠다며. 고마우면서도 걱정이 앞섰다.

파리공항에서 만난 에두아르는 세상에서 제일 행복한 거지처럼 보였다. 그때도 그는 옷을 정말 아무렇게나 입었다. 오른손에는 늘 책이 잔뜩 든 구멍 난 비닐봉지가 들려 있었다. 예나 지금이나 그의 행색은 딱 거지다.

내가 파리에 머무르는 동안 에두아르는 파리 16구 트로카데로에 있는 그의 어머니 집에서 지내기로 했다. 근무하는 학교가 트로카데로에서 아주 가깝다고 했다. 나는 그가 새로 얻은 생제르맹앙레의 아파트를 통째로 쓰게 되었다. 방세는 받지 않겠다고 했다. 숙소만 제공하는 것이 아니었다. 파리의 어디를 어떻게 돌아다니며 취재할지 모두 생각해두었다고 했다.

그르노블 촌뜨기인 줄 알았던 에두아르는 파리에서 나고 자란 파리지앵이었다. 자신은 학교에 출근해야 하니 평일에는 작은 미술관이나 공원 등을 혼자 둘러보라며 미리 뽑아둔 목록을 건넸다. 주말에는 파리의 성당을 비롯해 많이 알려지지 않은 파리다운 파리의 참모습을 본인이 직접 보여주겠다고 덧붙였다. 주말에만 만나면 된다는 소리로 알아들었다. 다행이었다.

파리 취재 첫날 나는 파리 16구에 있는 '발자크의 집'으로 향했다. 에두아르가 작성한 목록에는 '파리하면 가장 먼저 떠오르는 작가, 오노레 드 발자크의 집으로 가라. 그의 소설 《고리오 영감》과 《잃어버린 환상》을 안 읽었다면 읽어볼 것'이라고 쓰여 있었다.

내게 파리하면 떠오르는 작가는 《파리의 노트르담》을 쓴 빅토르 위고였다. 제목에 파리가 떡하니 들어가서 그런지도 모르겠다. 정작 프랑스인이자 파리지앵인 에두아르가 발자크를 떠올리는 걸 보고 그럴 수도 있겠다 싶었다. 예전에 읽은 발자크의 소설들은 19세기의 파리를 상상하게 했다. 소설에는 허영심 가득한 귀부인들과 어떻게든 출세하고 싶어 안달 난 시골뜨기들이 모여드는 파리 사교계의 이야기가 늘 등장했다.

발자크의 《잃어버린 환상》에 이런 문장이 있다.

파리에서는 어떤 것에 대해 환상을 갖는다는 것은 어려운
일이군. 모든 일에 세금이 있고, 모든 것이 돈으로 팔리고,
모든 것이 만들어지니 말이야. 성공까지도.[1]

이 얼마나 냉정하지만 생기 넘치는 곳인가? 파리지앵들은
이래서 파리를 사랑하고 또 이래서 미워하는지도 모른다. 에
두아르는 내게 애증의 도시 파리를 소개하고 싶었던 것 같다.
애증만큼 골치 아픈 감정도 없다. 사랑과 증오 두 가지 감정이
하나가 되면 중독되어 끊기 힘들어진다.

나는 허름한 발자크의 집이 무척 마음에 들었다. 젊은 나이
에 사업에 실패하는 바람에 큰 빚을 진 발자크가 채권자들을
피해 숨어 살았던 집이다. 집 뒤편의 조용한 정원에서 보이는
에펠탑은 아름다웠다. 갑자기 들이닥친 채권자들을 피해 발자
크가 도망쳤을 그의 집 뒷골목은 너무 사랑스러웠다. 그토록
애교스러운 골목은 본 적이 없었다. 너무 예뻐서 꼭 안아주고
싶은 골목이었다.

발자크의 집 현관

첫날부터 파리의 매력에 빠져들었다. 휴대전화가 울렸다. 에두아르가 수업을 마쳤다며 발자크의 집에서 가까운 트로카데로 광장에서 만나자고 했다. 광장에서 만난 그는 대뜸 어머니 집이 근처라며 함께 가서 저녁을 먹자고 했다. 불편할 것 같아 거절했지만, 어머니가 이미 저녁을 준비해놓았다는 말에 어쩔 수 없이 따라갔다.

에두아르가 독립하기 전까지 살았다는 그의 어머니 집은 엄청 근사했다. 이렇게 부잣집 아들이었어? 우아한 투피스 정장을 입은 그의 어머니는 영화에서 본 프랑스 귀부인 같았다. 나는 청바지에 운동화 차림인 게 신경 쓰였다. 우리는 고급스러운 유럽식 엔틱 가구와 헤링본 무늬 쪽매와 별 모양 패턴을 섞어 장식한 나무 바닥이 인상적인 거실에서 이야기를 나누었다. 잠시 후 부엌과 한참 떨어진 식사하는 방으로 안내를 받았다. 저녁 먹는 내내 집안일을 도와주시는 포르투갈분이 정중하게 서빙을 했다. 불편했다.

에두아르의 어머니는 나의 파리 취재에 관심을 보였다. 그날 갔던 '발자크의 집'에 대해서는 어떤 글이 쓰고 싶은지 물었다. 주말에 오르세미술관에 같이 가지 않겠냐고도 했다. 마침 오르세미술관에서 인상파 화가 특별전이 열리는데 어머니 친

구가 소장한 작품도 전시가 되어 친구분과 보러 가기로 했다
며 함께 가자는 것이었다. 인상파 화가의 그림을 소장한 친구
라고? 무진장 불편할 것 같았지만 거절하기 힘들어서 그러겠
다고 하고 말았다.

저녁식사를 마친 후 에두아르는 소화도 시킬 겸 잠시 걷자
고 했다. 우리는 센 강변을 산책했다. 그전에 동생과 같이 왔을
때도 느꼈지만 파리 센강의 밤은 정말 낭만적이었다. 강변을
따라 삼사십 분쯤 걸었을까. 에두아르가 수줍은 표정으로 조
용히 뭔가를 읊조렸다. 프랑스어였다.

Sous le pont Mirabeau coule la Seine, Et nos amours,
Faut-il qu'il m'en souvienne, La joie venait toujours après
la peine. Vienne la nuit sonne l'heure, Les jours s'en vont
je demeure.

미라보 다리 아래 센강은 흐르고, 우리의 사랑도 흘러내
린다. 내 마음 깊이 아로새기리, 기쁨은 늘 고통 뒤에 온다
는 것을. 밤이여 오라, 종아 울려라. 세월은 가고 나는 남
는다.[2]

프랑스어를 몰랐던 나는 '미라보 다리' 한 마디만 알아들었다. 시인 기욤 아폴리네르가 화가 마리 로랑생과의 사랑을 추억하며 썼다는 그 시가 분명했다. 이 인간이 나를 꼬셔보려고 별짓을 다 한다 싶으면서도 기분이 나쁘지 않았다. 살짝 좋았다.

오르세미술관에서 만난 에두아르 어머니의 친구분은 금요일에 자기 집 거실에서 벨기에 여성 플루티스트 사인조 초청 공연이 있다며 나를 초대했다. 집에 외국 플루티스트를 초청해 공연을 한다고? 위화감이 느껴졌다. 어머니 친구분 집에서 만난 에두아르의 외삼촌도 우리를 점심식사에 초대했다. 그 집에서는 검은색 원피스에 레이스 달린 하얀 앞치마를 두른 메이드가 식사 시중을 들었다. 이질감과 위화감을 넘어 죄책감마저 들었다. 그런 나와는 달리 에두아르에게는 모든 것이 자연스러워 보였다. 전혀 다른 세상에서 살아온 아주 먼 사람으로 느껴졌다.

우연히 그와 함께 들른 서점에서 에두아르는 자신의 아버지가 쓴 책을 발견하고 좋아했다. 나는 저자의 이름을 외워두었다가 집에 돌아와 인터넷으로 검색해봤다. 그의 아버지 이

름이 위키피디아 검색에 걸렸다. 할아버지와 그 윗대의 조상
도 위키피디아에 자세하게 나오는 저명한 집안이었다. 에두아
르의 정체에 나는 이상한 배신감을 느꼈다. 그간 거지 행색은
다 뭐였지? 허당끼 충만한 책벌레라서 만만하고 편했던 그가
갑자기 불편했다. 상대적 열등감이 느껴졌다. 나는 굶어 죽어
도 기죽고는 못 산다. 그가 아무리 들이대도 넘어가면 안 된다
단단히 마음먹었다.

　에두아르는 퇴근 후 매일 내가 있는 곳으로 찾아왔다. 아무
리 괜찮다고 해도 막무가내였다. 밀어내면 밀어낼수록 진드기
처럼 따라다니며 책에 쓰지도 않을 내용을 과도하게 설명해서
나를 괴롭혔다. 특히 성당의 건축양식에 대한 설명은 심하게
지루했다. 건축가도 건설업자도 아닌 사람이 건축양식에 왜
그토록 집착하는지, 건축 관련 지식을 어떻게 그렇게 많이 알
고 있는지 이해되지 않았다. 성당을 방문할 때는 망원경까지
들고 와서 파사드[3]와 성당 내부의 디테일한 조각까지 보게 하
는 통에 미치는 줄 알았다. 하지만 나는 잔머리의 여왕이 아닌
가. 평일 오전과 낮에 혼자 성당을 둘러보면 굳이 그의 설명을
안 들어도 될 것이었다.

하루는 오전부터 파리에서 가장 오래된 성당인 생제르맹 데프레 성당과 댄 브라운의 소설 《다빈치 코드》의 배경이었던 생쉴피스 성당을 방문하고 나오는 길이었다. 휴대전화가 울렸다.

"나 수업 마쳤어. 어디야? 내가 거기로 갈게."

"지금 막 생쉴피스 성당에서 나오는 길이야."

"거길 왜 혼자 갔어? 암튼 성당 앞으로 갈게! 한 삼십 분 걸릴 거야."

에두아르를 기다리는 동안 나는 근처 맛집을 알아보기로 했다. 선을 확실히 긋는 게 좋을 것 같아 방세를 내겠다고 했지만 그가 거절했다. 나는 타협안으로 책에 들어갈 '파리의 맛집'을 탐방할 때 그가 먹는 모든 식사비를 내겠다고 했다. 배보다 배꼽이 더 컸다. 에두아르는 맛집 탐방을 핑계로 매일 뭔가를 함께 먹으려 들었다. 같이 먹기 싫다고 하면 돈이 아까워 그러는 것 같아서 거절도 하지 못했다. 나는 치사하게 구는 것도 기죽어 사는 것만큼이나 싫어한다.

발자크의 소설 《잃어버린 환상》에는 이런 문장도 있다. "빈곤이 끝날 때 인색함이 시작되는 법이다."[4] 발자크는 정말 예리한 작가다. 그때 내가 치사하게 굴지 못했던 것은 빈곤한

생쉴피스 성당

재정상태 때문이었던 것이 확실하다.

　에두아르가 도착했다. 나는 헤밍웨이, 앙드레 지드, 폴 발레리가 단골로 다녔던 식당 '폴리도르'에 가자고 했다. 그는 저녁 먹기 전에 자기도 아직 안 먹어본 유명한 마카롱 가게부터 들르자고 했다. 사람들이 길게 줄 서서 기다리는 가게의 이름은 '피에르 에르메'였다. 삼십 분이나 기다려 들어갔다. 그에게 먹고 싶은 것을 다 고르라고 했다. 진열된 마카롱을 뚫어지게 보는 에두아르의 눈빛은 딱 다섯 살짜리 아이였다.

　에두아르는 장미 맛 한 개와 재스민 맛 한 개를 주문했다. 주문받던 직원이 그를 쳐다보며 다음 주문을 기다렸다. 나는 기다리는 사람들이 신경 쓰여 얼른 다른 맛도 주문하라고 재촉했다.

　"너 하나, 나 하나 이렇게 먹으면 되잖아. 이게 마카롱 가격이냐, 보석 가격이냐?"

　"돈 때문이면 안 그래도 돼. 내가 산다니까!"

　나는 중년 남녀가 삼십 분도 넘게 기다려 달랑 마카롱 두 개를 사는 게 쪽팔렸다.

우리는 냅킨에 마카롱 두 개를 받아들고 나왔다.

"자, 너 먼저 한 입 먹어. 양심껏 딱 반만 먹어야 해!"

그의 말투는 아이스바를 먹는 친구에게 '한 입만' 했을 때 '빨아먹어야 해' 했던 일곱 살 친구 수준이었다. 재스민 맛 마카롱을 정확히 반만 깨물어 먹고 넘겼다. 마카롱을 입에 넣은 에두아르의 눈에서 순간 빛이 뿜어져 나왔다. 그의 파란 눈동자가 푸른빛의 보석 토파즈처럼 반짝였다. 이 세상에서 가장 행복한 토파즈 같았다. 나도 모르게 말이 튀어나왔다.

"너 눈이 참 예쁘구나."

그는 쑥스러운 표정으로 아이처럼 활짝 웃었다.

집에 돌아와 침대에 누웠다. 세상에서 가장 행복한 두 개의 토파즈가 떠올랐다. 마카롱을 입에 넣은 그의 눈은 정말 예뻤다. 왜 자꾸 그의 눈동자가 생각나지? 나는 얼른 읽던 책을 펼쳐 들었다. 《한 달쯤, 파리》를 쓰기 위해 다시 읽기 시작한 빅토르 위고의 《파리의 노트르담》이었다.

'이것이 저것을 죽이리라. 책이 건물을 죽이리라.' (중략) 15세기에 이르기까지(15세기를 포함하여), 건축술은 인류의 위대한 책이요, 힘에서나 지성에서나 그 여러 측면에서 인간의 중요한 표현이었다. (중략) 힌두스탄의 태곳적 파고다로부터 쾰른의 대성당에 이르기까지, 건축술은 인류의 위대한 문자였다. 그리고 그것은 어디까지나 진실이어서, 비단 모든 종교적 상징뿐만 아니라 인류의 모든 사상역시 이 거대한 책 속에 자기의 페이지와 기념비를 가지고 있는 것이다. (중략) 15세기에는 모든 것이 변한다. 인간의 사상은 건축술보다도 더 견고하고 내구력 있을 뿐만 아니라 더 단순하고 용이한 영속하는 방법을 발견한다. 건축물은 실각한다. 오르페우스의 돌 글자에 이어 구텐베르크의 납 글자가 나오게 된다. 책이 건물을 죽이려 한다.[5]

스물아홉 살 빅토르 위고가 쓴 문장들을 나는 마흔에 다시 읽으며 비로소 이해했다. 책이 건물을 죽이기 전까지 건물은 인류의 모든 것을 기록하는 수단이었다. 에두아르가 건물에 집착하고 해박했던 이유를 알 것 같았다. 갑자기 그가 더 멀게 느껴졌다. 그의 집안을 보며 느꼈던 위화감과는 다른 느낌의 감정이었다. 나와 다르게 고귀하고 아름다운 정신의 소유자로 느껴졌다. 인쇄술이 발달하기 이전 인류의 사상을 담은 건축물을 대하는 그의 자세가 존경스러웠다. 인류에 대한 순수한 탐구심과 진지함을 가지고 있는 사람이라는 생각이 들었다. 에두아르 옆에 있으면 나는 정말 초라해질 것만 같았다. 열등감보다 초라함이 더 비참한 감정이다. 아름다운 친구를 옆에 두고 싶지만 그건 욕심이다. 인간은 욕심이 생기면 치사해지기 쉽다.

파리 취재를 채 마치지 못했지만 잠시 서울에 다녀와야 했다. 《한 달쯤, 로마》 출간 직전이고, 구두로만 계약한 《한 달쯤, 파리》 계약서에 사인도 해야 했다. 모든 것을 떠나서 슬슬 서울에 정착해서 먹고살 궁리를 해야 했다.

발자크의 집 골목

1   오노레 드 발자크, 이철 옮김, 《잃어버린 환상 *Illusions perdues*》, 서울대학교
     출판문화원, 2012년

2   기욤 아폴리네르, 황현산 옮김, 《사랑받지 못한 사내의 노래》, 민음사, 2016년

3   파사드(façade)는 건축물의 주 출입구가 있는 정면부를 가리킨다. 건물 전체
     의 인상을 단적으로 나타내는 것이기 때문에 그 구성과 의장이 매우 중요하
     다. 흔히 조각으로 장식이 되며 내부와 관계없이 독자적인 구성을 취하기도
     한다.

4   오노레 드 발자크, 이철 옮김, 《잃어버린 환상 *Illusions perdues*》, 서울대학교
     출판문화원, 2012년

5   빅토르 위고, 성귀수 옮김, 《파리의 노트르담 *Notre-Dame de Paris*》, 작가정
     신, 2010년

KOREA

서울

여행의 묘미는 귀가의 달콤함

서울에 도착하면 제일 먼저 집에서 광화문까지 걷고 싶었다. 나에게 서울은 광화문이다. 나의 수많은 추억이 모두 그곳에 있다. 열네 살 때 〈지저스 크라이스트 슈퍼스타〉 록오페라 공연을 보고 반해서는 엄마를 졸라 몇 번씩 보고 또 본 곳도 광화문이다. 생애 처음 햄버거를 먹어본 곳도, 첫사랑과 첫 데이트를 한 곳도 모두 다 광화문이다. 독한 마음으로 버티던 도쿄 유학 시절, TV에서 광화문이 나오면 얼른 화면을 꺼버리곤 했다. 너무 가고 싶고 그리워서 눈물이 났다.

　　나는 서촌으로 불리는 효자동에서 자랐다. 경복궁의 영추문 돌담길은 어린 시절부터 좋아했던 길이다. 초등학교 시절에는 차량이 통제되어 롤러스케이트를 타기에 좋은 곳이었다. 중학생이 되어서는 대통령 부부가 해외 방문을 마치고 돌아올 때 태극기를 흔들어야 했던 길이자, 매일 아침 운동권 학생들을 태운 닭장차가 한두 대씩 지나가던 길이었다.

예전 기억들이 떠오르자 내가 마치 격동의 시간을 헤쳐나온 사람처럼 느껴졌다. 나이를 먹는다는 건 자기 안에 더 많은 이야기를 품게 되는 것이다. 그만큼 더 풍요로워지는 것일 테다.

새벽에 도착한 에두아르의 메일에는 경복궁 사진을 찍어 보내달라는 부탁이 있었다. 나의 서울집이 청와대 근처이고 집 근처에 14세기 말에 지어진 궁궐이 있다고 했던 말을 잊지 않은 모양이었다. 이 정도 부탁쯤이야. 카메라를 들고 집을 나섰다. 변해버린 광화문 일대의 모습이 조금 어색했다. 더 넓어진 광장이 뭔가 휑해 보였다. 순간 내가 외국인 관광객 같았다. 걸음을 멈추고 광화문과 광장을 둘러봤다. 국제극장이 있던 사거리에 눈길이 닿자 아홉 살 때 그곳에서 봤던 만화 영화가 떠올랐다. 과학 소설의 개척자라 불리는 프랑스 작가 쥘 베른

의 소설을 각색한 〈15소년 우주 표류기〉라는 영화였다. 나는
그 15소년 중 '루브르'라는 프랑스 소년이 정말 마음에 안 들었
었다. 루브르는 우주에 표류하게 된 소년들이 우주선 대표를
뽑을 때 바보 같은 표정으로 손을 들어 일본 소년 '지로'에게
투표했다. 그때 루브르가 얼마나 꼴 보기 싫었던지 그 생김새
를 정확히 기억한다. 에두아르와 너무 닮았다는 생각에 갑자
기 웃음이 터져나왔다. 한참을 웃었다. 누가 보면 미친년인 줄
알았을 것이다.

걷다 보니 어느새 광화문 끝자락이었다. 출판사에 가기 위
해 택시를 잡으려는데 편집자에게 전화가 왔다. 약속을 며칠
미루자고 했다. 마지막 편집 과정에 문제가 있는 모양이었다.
집으로 돌아갈까 하다가 삼청동 쪽으로 발길을 옮겼다.

내가 가본 도시 중에 서울만큼 예쁜 카페가 많은 곳도 없
다. 정원이 예쁜 카페에 들어가 커피를 주문했다. 카페 직원은
예전에는 묻지 않던 것을 물었다. 커피를 머그잔과 종이컵 중
어느 것에 담아줄까 물었다. 머그잔에 달라고 했다. 계산대 옆
에서 잠시 기다리는데 직원이 커피를 쟁반에 올려놓으며 말
했다.

"주문하신 커피 나오셨습니다."

커피가 나오시다니? 왜 커피에 존대를 하지? 나도 일본어를 처음 배울 때 그런 실수를 종종 했었다. 직원은 외국인이라기엔 발음이 너무 좋았다. 나중에 보니 다른 카페에서도 자주 듣는 표현이었다.

커피를 받아들고 카페 정원에 자리 잡고 앉았다. 사람들을 관찰하기 시작했다. 이상했다. 카페에 있는 거의 모든 사람이 종이컵에 담긴 커피를 마시고 있었다. 그 이유가 궁금해서 물어보려다 이상한 사람 취급을 받을 것 같아 참았다. 레이첼 카슨이라는 해양학자가 쓴 책이 있다. 그는 책을 쓴 이유를 이렇게 밝힌다.

불길한 망령은 우리가 눈치채지 못하도록 슬그머니 찾아오며 상상만 하던 비극은 너무나도 쉽게 적나라한 현실이된다는 것을 우리는 알게 될 것이다. 오늘날 미국의 수많은 마을에서 활기 넘치는 봄의 소리가 들리지 않는 것은 왜일까? 그 이유를 설명하기 위해 이 책을 쓴다.[1]

몇 달 동안 파리에 있으면서 가장 놀랐던 것 중 하나가 프랑스인들의 환경에 대한 배려였다. 그들은 슈퍼마켓에서 과일이나 야채를 덜어 담는 누런색 봉투도 버리지 않고 다음에 장을 볼 때 챙겨 가서 다시 사용했다. 그 봉투가 공짜인데도 말이다. 놀랍고 부러운 시민의식이다. 2003년 동생과 처음 파리에 갔을 때는 파리 경찰과 시민들의 인라인스케이트 퍼레이드를 보고 놀라기도 했다. 파리 시내에서 자동차를 몰아내 공기 좋고 걷기 좋은 도시로 만들기 위한 금요일 밤의 이벤트였다. 멋진 인라인스케이트 복장을 차려입은 경찰부대가 호각을 불며 파리를 벗어나고 있는 자동차들의 뒤를 쫓아 앞장서고 그 뒤를 시민들이 신나게 활주했다.

종이컵에 커피를 마시는 사람들에게 다가가 레이첼 카슨의 《침묵의 봄》을 읽어보길 권하고 싶었다. 그 책이 1962년에 쓰였다는 말도 보태고 싶었다. 지구 환경이 엉망이 되기 시작한 것은 20세기보다 훨씬 이전이다. 프랑스 왕국 귀족이었던 생시몽은 루이 14세 시절 베르사유 궁정의 이야기를 《회상록》에 생생하게 담았다. 그의 기록에 따르면 18세기부터 이미 이상기온 현상이 있었다. 그는 1709년에 있었던 프랑스의 한파에 대해 "두 번의 한파는 모든 것을 앗아갔다."[2]라고 썼다.

종이컵에 커피를 마시는 서울 사람들은 모든 것을 앗아갈 한파가 무섭지 않은 걸까?

집에 돌아와 에두아르에게 영추문 돌담길 사진을 보냈다. 한숨 자고 일어났더니 벌써 답장이 도착해 있었다.

'보내준 사진 고마워. 여기 너희 집 담이야?'

14세기에 지어진 궁궐 담을 보고 우리 집 담이냐고? 지가 부잣집 아들이다, 이거지?

'참 아름다운 담이다. 돌과 돌 사이 접합제가 시멘트가 아니었으면 훨씬 더 좋았을 텐데…'

얼른 사진을 다시 봤다. 에두아르 말대로 돌 접합제로 시멘트를 사용한 것 같았다. 그가 영추문 돌담을 우리 집 돌담으로 생각한 것도 그놈의 시멘트 탓이었다. 속상했다. 로마에 살면서 이탈리아가 주요 7개국 정상회담인 G7에 속하는 게 황당하게 느껴질 때가 많았다. 이탈리아는 정치 부패가 극심할뿐더러 사회 규범도 잘 지켜지지 않는다. 하지만 그들은 문화유산을 누구보다도 아끼고 잘 보존한다. 아무리 썩어빠진 정치인이라 해도 문화재 관리비에는 절대 손대지 않는 곳이 이탈리아다. 나는 그런 이탈리아가 부럽다. 또 그만큼 영추문 돌담에 시멘트를 발라놓은 게 속상하다.

이튿날에도 편집자에게 연락이 없었다. 덕분에 오랜만에 친구들을 만났다. 친구들은 변한 게 없었다. 살이 조금 찌고 다들 영양학 박사가 되어 있었다. 어떤 음식이 어디에 좋고 어떻게 면역력을 높이는지 신기할 정도로 잘 알았다. 며칠 집에서 텔레비전을 보며 그 이유를 알게 되었다. 여기저기서 먹는 이야기만 주야장천 해댔다. 마치 오래전 일본 방송을 보는 느낌이었다. 도쿄 유학 첫해에 일본 방송을 본 나는 엄청난 문화 충격을 받았다. 하루종일 방송에서 먹는 이야기만 했고 밤이 되면 여자들이 속옷을 훌러덩 벗었다. 한국 방송에는 아직 속옷을 벗어 던지는 여자들 모습은 없지만, 그렇게 먹는 이야기만 해대는 건 아니다 싶었다. 한국 방송이 일본처럼 되어가는 데는 나처럼 1990년대에 일본에서 공부하고 돌아온 사람들의 책임도 크다. 일본에서 유학하고 돌아온 우리는 일본 것이 우리 것보다 더 좋다고 생각했고, 무조건 따라 해서 한국을 일본화하는 데 한몫했다. 이건 정말 망설이다 쓰는 나의 고백이다.

다음날 대학로에 있는 출판사에 가서 《한 달쯤, 로마》 마지막 교정을 봤다. 나는 분명 여행 에세이를 썼는데 여행 가이드북처럼 편집이 돼 있어 속상했다. 하지만 곧 빈털터리가 될

처지에 출판사와 관계가 틀어지면 큰일이라 성질대로 버럭대지 못했다. 편집자의 설득을 그대로 받아들였지만 기분은 울적했다.

친구 윤정을 불러내 2차까지 신나게 달리고 대학로 거리를 함께 걸었다. 고등학교 일학년 때 근처 어딘가에서 뮤지컬 〈아가씨와 건달들〉을 봤던 기억이 떠올랐다.

도박에 빠져 사는 네이슨은 파산에 이르게 되고, 그걸 막기 위해 더 큰 도박판을 벌이려고 하는데 장소 대여비 천 불이 필요하다. 이때 네이슨과 그의 친구 도박꾼들이 신나게 부르는 〈믿을 건 오직〉이라는 노래가 아직도 귓가에 맴돈다. '믿을 건 오직 네이슨!' 합창이 끝난 직후 객석에서 한 남자가 기립 박수를 치며 외쳤다. '한 번 더!' 순간 배우들은 모든 동작을 멈추고 눈빛을 교환했다. 그리고 다시 시작되는 노래 〈믿을 건 오직〉. 무대 위의 배우와 객석의 관객이 하나가 되었다. 짜릿한 순간이었다.

한국에서만 살아온 사람들은 모른다. 어떤 공연이든 한국에서 보는 게 제일 재밌다는 것을. 국적을 불문하고 무대 위 가수와 배우들은 한국에서 제일 열심히 공연하는 것 같다. 그것은 한국의 관객들 덕분이다. 흥이 넘치는 한국인은 무대 위 사람들을 미치게 만들 줄 안다. 갑자기 그 노래가 부르고 싶었다.

"현금 천 불이 필요한데, 우린 땡전 한푼 없지!"

나는 정말 그때 땡전 한푼 없기 직전이었다. 가사를 바꿔서 후렴구를 계속 불렀다.

"믿을 건 오직 나 자신! 나 자신!"

나는 취중진상의 끝판을 보여주었다.

집 앞까지 데려다준다는 윤정을 뿌리치고 택시를 탔다. 집까지 가지 않고 광화문에서 내렸다. 인적 없는 밤거리지만 광화문 거리에는 힘찬 기운이 넘쳤다. 그 기운이 내게도 전해졌다. 서울은 기원전 '위례성'이라는 이름으로 475년간 백제의 수도였다. 그 후 600년간은 조선의 도읍이었고 대한민국의 수도였다. 천 년이 넘는 오랜 역사를 지녔건만 서울은 늙지 않는다. 서울만큼 역동적인 대도시가 또 있을까? 서울은 항상 변하고 도전하고 정신없이 돌아간다. 커피를 종이컵에 담아 마시고 문화유산에 시멘트를 바른다는 것은 여전히 서울에 남은 과제가 많다는 의미다. 남은 숙제를 그냥 놔둘 한국인들이 아니다. 흥이 넘치는 한국인들은 앞으로도 서울을 역동시킬 것이다. 술기운을 제대로 받았는지 갑자기 기운이 솟았다. 미혼의 사십 대에 빈털터리가 된 나는 미래가 대략난감했지만, 왠지 서울에서는 뭐든 할 수 있을 것 같았다. 오랜만에 찾아온 서울은 내게 최고의 여행지가 되어 위로해주는 듯했다.

그날 밤 광화문이 내게 주었던 에너지는 어쩌면 여행지가 주는 찰나의 환상이었는지도 모른다. 하지만 그날 밤에 확실히 알게 된 것이 있다. 유일하게 취중진담과 취중진상이 가능한 곳, 추억이 가장 많은 곳 그리고 가장 편안한 곳이 바로 내가 도망쳐 나온 서울이라는 것을. 나는 서울을 떠나본 후에야 그것을 알았다. 떠나지 않았다면 절대 몰랐을 그것. 여행의 가장 큰 묘미는 귀가의 달콤함이 아닐까?

1   레이첼 카슨, 김은령 옮김, 《침묵의 봄 *Silent Spring*》, 에코리브르, 2011년
2   생시몽, 직접 번역, 《회상록 *Mémoires de Saint-Simon*》, Gallimard, 1953년

FRANCE

다시 파리

거장의 무덤 사이에서 길을 잃다

다시 파리로 향하는 비행기 안.

옆에 앉은 젊은 커플은 한창 회의 중이었다. 어디에서 뭘 보고 뭘 사고 뭘 먹고⋯. 잔뜩 들떠 있었다. 사람들은 파리에 열광한다. 그 명칭조차 아름다운 프랑스의 '벨 에포크'[1]는 많은 사람의 마음속에서 아직 끝나지 않은 듯하다. 젊은 커플의 표정은 열 시간 후면 도착할 파리에 대한 설렘과 기대감으로 가득했다. 꼴 보기 싫었다.

전날 밤 엄마는 내게 협박 비슷한 말을 했다.

"너 서울 다시 돌아오면 애 딸린 돌싱이랑 선봐서 결혼해야 하는 거 알지? 너 그런 거 싫어하잖아?"

엄마는 내가 파리에 머무는 동안 에두아르의 도움을 받았다는 걸 알았다. 엄마의 꿍꿍이는 뻔했다.

이런저런 생각에 골치가 아파 승무원에게 레드와인을 부탁했다. 젊고 날씬한데 예쁘기까지 한 스튜어디스가 상냥한 미소와 함께 와인을 병아리 눈물만큼 가져다주었다. 스튜어디스도 꼴 보기 싫어졌다. 절대 그녀가 젊고 날씬하고 예뻐서가 아니었다.

시차 적응이 되지 않아 새벽부터 눈이 떠졌다. 서둘러 나갈 준비를 했다. 파리를 조금이라도 더 많이 보고 싶었다. 내 인생에 언제 다시 올지 모를 파리였다. 목적지를 따로 정하지 않고 출발했다. 지하철과 버스를 마구 갈아타고 아무 데나 내려 아무렇게나 걷다가 발견하게 되는 파리를 보고 싶었다.

생제르맹앙레역에서 고속교외철도인 RER을 타고 나시옹역에서 내렸다. 비가 내리고 있었다. 파리 날씨는 변덕이 심해서 하루에도 몇 번씩 빗줄기가 오락가락했다. 파리지앵들은 웬만한 비가 아니면 우산을 드는 법이 없다. 나도 그들처럼 비를 맞으며 걸었다. 추웠다. 마침 지나가는 버스가 보여 얼른 올라탔다. 몇 정거장 가지 않아 긴 담벼락이 보이고 입구가 특이한 공원 같은 것이 보였다. 버스에서 내려 그 안으로 들어갔다.

눈앞에 무덤밖에 없었다. 그 유명한 페르라셰즈 공동묘지였다. 가보고 싶었던 곳이 운 좋게 얻어걸렸다.

파리 20구에 자리한 페르라셰즈는 면적이 44만 제곱미터나 된다. 7500개가 넘는 무덤에는 이름만 들어도 입이 떡 벌어지는 유명인들이 잠들어 있다. 입구에서 묘지 안내 지도를 받았다. 길치인 나에게는 아무짝에도 쓸모없는 지도였다. 사방으로 펼쳐진 무덤 사이를 발길이 닿는 대로 걷기 시작했다. 눈앞에 인상파 화가의 아버지 카미유 피사로의 무덤이 나타났다. 나는 그의 그림 〈안개 낀 프랑세즈 극장 앞 광장〉을 보고 한눈에 반한 후 그의 팬이 되었다. 그 그림이 댈러스미술관에 있다는 것 때문에 언젠가 댈러스에 가보고 싶을 정도로 그 그림을 좋아한다.

피사로는 현재 미국령 버진아일랜드에서 태어난 덴마크계 프랑스인이다. 스물다섯 살 되던 해 프랑스로 건너와 파리 근교 루브시엔에 살았다. 그곳에서 주변의 부지발, 포르 마를

리 등의 아름다운 풍경을 그리며 자신만의 화풍을 개척했다. 하지만 당시 일부 평론가를 제외하곤 아무도 주목하지 않았던 가난뱅이 화가였다. 1870년 프로이센과 프랑스의 전쟁이 발발하자 잠시 런던으로 피신했다가 다시 돌아온 뒤에는 퐁투아즈로 이사했다. 루브시엔이 전쟁의 타격을 받아 예전만큼 예쁘지 않았기 때문이었다. 가난한 처지에 "예술가는 죽어도 아름다운 곳에서 살아야 한다"는 소리를 해대서 아내를 속 터지게도 만들었다. 퐁투아즈로 이사한 후로는 현대미술의 아버지라고 불리는 폴 세잔과 가깝게 지내며 인상주의 거장으로서 많은 영향을 끼쳤다.

나는 거장의 무덤 앞에서 인사를 건넸다.
"진심으로 영광입니다."

발길을 옮겨 이리저리 걷다가 소리를 지르고 말았다. 짐 모리슨이었다. 그가 1971년에 죽었는지 몰랐다. 그해 나는 태어났고, 그는 죽었다. 그의 노래를 처음 들었을 때 탄성을 터트렸던 기억이 선명하다. 스물일곱 살의 젊은 나이에 세상을 떠난 짐 모리슨의 무덤을 뒤로하고 계속해서 걸었다. 좋아했던 인물들을 끝도 없이 만나는 행운이 펼쳐졌다.

나는 들뜬 마음으로 그들에게 인사를 건넸다.

콜레트! 책 잘 읽었어요. 저는 특히 《암고양이》가 참 좋았습니다. 당신의 삶은 당신의 글만큼이나 흥미롭습니다. 작가님, 참 멋있게 사셨어요. 오스만 남작님, 덕분에 파리에서 길을 덜 잃습니다. 파리 정비 잘하셨어요. 쇼팽, 당신에게 무슨 말이 더 필요한가요. 몰리에르, 《아내들의 학교》 2막 5장에 나오는 그 대사! "그 작은 고양이가 죽었어요." 너무 좋아해서 프랑스어로도 말할 줄 알아요. "르 쁘띠 샤 에 모흐(Le petit chat est mort)."

계속해서 모딜리아니, 오스카 와일드를 만나며 감탄사를 연발하다 한 무덤 앞에서 걸음을 멈췄다. 이란의 소설가 사데크 헤다야트의 무덤 앞이었다. 그의 소설 《눈먼 부엉이》의 인상적인 첫 문장이 생각났다.

삶에는 마치 나병처럼 고독 속에서 서서히 영혼을 잠식하는 상처가 있다. 하지만 그 고통은 다른 누구와도 나눌 수 없다. 타인들은 결코 그런 고통을 믿지 못하고 정신 나간 이야기로 치부할 뿐이다. 만약 누군가 그 고통에 대해서 묘사하거나 언급이라도 하게 되면, 사람들은 남들의 태도를 따라서, 혹은 신경 쓰고 싶지 않다는 이유로, 의심 섞인 경멸의 웃음을 지으며 무시해버리려고 한다. 아직 인간은 그런 고통을 치유할 만한 수단을 갖고 있지 못하기 때문이다.[2]

사데크, 당신이 1951년 파리의 한 모퉁이에서 자살한 후 많은 시간이 흘렀습니다. 그런데 인간은 아직 그 고통을 치유할 방법도 수단도 찾지 못했습니다.

죽는 순간까지 상처로 고통받았을 작가를 추모하며 분위기를 잡는데 휴대전화 벨소리가 울렸다. 에두아르다. 에잇.

"나 오늘 아이들 데리고 루브르박물관 견학 왔다가 방금 마쳤어. 어디야? 네가 있는 곳으로 갈 게!"

이 인간이 이제 나한테 점심까지 얻어먹을 생각인가?

에두아르를 기다리며 소설가 프루스트와 화가 들라크루아의 무덤 앞을 지나 높은 비석으로 빼곡히 둘러싸인 한 무덤 앞에 도착했다. 갑자기 싸한 느낌이 들었다. 주위를 둘러보며 완전히 길을 잃었다는 것을 깨달았다. 도대체 내가 서 있는 곳이 어디쯤인지 감도 오지 않았다. 더구나 꽤 오랜 시간 동안 움직

이는 사람은 단 한 명도 보지 못했다. 으스스했다. 아침부터 비
가 와서 땅은 젖었고 하늘은 짙은 회색에 공기가 습했다. 음기
가 충만한 날이었다. 이런 날 서양 영화에서는 살인이 벌어지
고, 동양 영화에서는 귀신이 나타난다. 갑자기 소름이 돋기 시
작했다. 그때 다시 휴대전화가 울렸다.

"누구 무덤 앞이야? 내가 거기로 갈게."

"잠깐만. 음… 알폰세 다우데트?"

"알폰세 다우데트? 그게 누구야?"

"이 사람 이름을 어떻게 읽는지 모르겠어. 그냥 우리 둘 다
아는 짐 모리슨 무덤 앞에서 만나자."

"짐 모리슨? 그게 누군데?"

전설의 사이키델릭 록그룹 '더 도어즈'의 리드 싱어, 짐 모
리슨을 모른단 말인가? 나는 전화에 대고 더 도어즈의 '라이트
마이 파이어'를 불러줬다.

"이 노래 알지?"

"몰라! 처음 들어봐. 그냥 쇼팽 무덤 앞으로 와."

쇼팽? 거길 지나치긴 했는데 다시 찾아갈 자신이 전혀 없
었다.

"저기, 나 쇼팽 무덤 못 찾을 거 같아."

"지도 없어?"

"지도 있는데 볼 줄 몰라."

에두아르는 "너 바보냐?" 소리치더니 무덤에 쓰인 이름의 알파벳을 하나하나 부르라고 했다.

"아, 알퐁스 도데! 으하하하하! 꼼짝 말고 기다려!"

"빨리 와야 해!"

전화를 끊고 바로 후회했다. 그가 오해할 수도 있는데 빨리 오라는 말은 왜 했을까? 그런데 그가 정말 빨리 와주기를 바랐다. 에두아르는 생각보다 정말 빨리 왔다. 뛰었는지 숨을 몰아 쉬었다.

"아, 맞네. 알퐁스 도데를 이탈리아 식으로 읽으면 알폰세 다우데트네. 너 이 작가 몰랐구나. 프랑스에서는 제법 유명한 작가야."

나는 그의 〈별〉이라는 단편이 한국의 중학교 국어 교과서에 실렸다고 알려주었다.

어느새 비는 그치고 햇살이 쨍쨍했다. 에두아르가 나를 데리고 간 곳은 센강 퐁네프 다리 아래 있는 베르갈랑 광장의 끝자락 버드나무 아래였다.

알퐁스 도데의 무덤

"너 지난번에 여기 마음에 든다고 했잖아. 내가 오는 길에 샌드위치 사 왔어. 여기서 먹으면 좋을 것 같아서."

그렇다. 지난번 이곳에 혼자 왔을 때 나는 한동안 잊고 지내던 그 사람을 떠올렸다. 이 작고 아담한 광장은 마치 연인들을 위한 센강의 선물처럼 가슴을 녹였다. 이런 곳에는 왠지 에두아르와 오면 안 될 것 같았다. 내가 어색해하는 것을 눈치챘는지 에두아르는 퐁네프다리와 베르갈랑 광장에 관한 이야기를 들려주었다.

"퐁네프는 1577년 앙리 3세의 명으로 건설된 다리야. 파리에 현존하는 다리 중 가장 오래된 다리지만, 그 이름은 '새로운 다리'라는 의미야. 퐁네프 아래 광장의 이름 베르갈랑은 사실 앙리 4세의 별명이기도 했어. 베르갈랑은 '여자를 밝히는 호색가'라는 뜻이야. 앙리 4세는 늙어 꼬부라질 때까지 끊임없이 여자를 밝혔대."

"그렇구나. 재밌네. 나는 스무 살쯤에 〈퐁네프의 연인들〉이라는 영화를 보고 이 다리를 처음 알았어."

에두아르는 그 영화를 보지 않았다고 했다.

"영화에 베르갈랑 광장도 나와. 화가인 여자 주인공이 여기서 노숙자인 남자 주인공에게 초상화를 그려주는 장면이 있어. 우리가 지금 있는 바로 이 버드나무 아래에서."

"그래? 너도 나 좀 그려주라! 너 그림 잘 그리잖아!"

"내가 무슨 그림을 잘 그려? 그림을 배운 적이 없어서 선이 엉망이야."

에두아르는 그려주기 싫으면 관두라며 눈을 흘겼다. 그런 교태는 딱 질색이다.

"너, 그거 아냐? 나에게 명건이라는 친구가 있는데, 일본에서 공부할 때 만난 내 베프야. 그 놈이 어느 날, 지금 너처럼 나를 쳐다봤다가 나한테 맞아죽을 뻔했다는 거?"

"그 친구가 너 좋아했나봐?"

"우린 그런 사이 아니거든. 나랑 그놈은 무인도에 단둘이 십 년을 있어도 아무 일 없을 그런 사이야. 그 붕신은 동거하던지 여자친구랑 싸우면 맨날 내 방에 와서 잤어. 여친도 그걸 익히 알아서 다음날 아침 내 방에 와서 그 붕신을 찾아가곤 했지. 지금은 그 여친이랑 결혼해서 타이완에서 살아. 여자친구가 타이완 사람이거든."

에두아르는 자기도 여자사람 친구 집에서 잔 적이 많다고 자랑했다. 내 상관할 바 아니어서 대꾸도 하지 않았다. 점심을 먹고 나니 졸려서 집에 가서 자고 싶었다. 에두아르는 실망한 표정이었지만 서점에 들렀다가 가겠다며 뒤돌아서 터덜터덜 걸어갔다. 그의 뒷모습이 왠지 신경 쓰였다.

이튿날 아침 몸이 좋지 않았다. 전날 시차 적응도 안 된 상태에서 비를 맞고 돌아다녀서일까, 죽은 이들 사이에서 길을 잃어서였을까. 집에서 원고를 쓰는 게 좋을 것 같았다. 그런 나를 끌어내 에두아르가 데리고 간 곳은 시청에서 운영하는 아틀리에였다. 여기서 그림을 배우라고? 내가 파리에 있으면 얼마나 있을 거라고. 내가 황당한 표정을 짓는데도 에두아르는 자기가 등록을 해주겠다며 막무가내로 등을 떠밀었다. 그가 아틀리에 문을 활짝 열어젖히자 우리 눈앞에 나체의 여자가 서 있었다. 누드화 수업 중이었다. 갑자기 가슴이 두근거렸다. 누드화는 항상 그려보고 싶었다.

내가 좋아하는 피사로를 비롯해 벨 에포크를 장식했던 수많은 화가들이 그림을 그렸던 곳, 파리에서 그림을 배운다는 건 상상만 해도 가슴이 뛰고 설렜다. 정말 오랜만이었다. 나는 다시 꿈꾸고 있는 것 같았다. 그러면 안 된다고 콩콩 뛰는 가슴을 다독였건만 소용없었다. 꿈이란 머리가 아닌 마음이 관장하는 것이다. 마치 사랑처럼. 마음은 머리가 시키는 대로 하지 않을 때가 많다. 더럽게 골치 아픈 녀석이다.

집에서 함께 저녁을 먹은 후에도 에두아르는 돌아갈 생각을 하지 않았다. 그러더니 한다는 소리가 "나 오늘부터 여기서 지낼 거야. 여기가 원래 내 집이잖아. 엄마 집 이젠 불편해"였다. 집세도 안 내고 얹혀 지내는 주제라 뭐라 할 말이 없었다. 당황한 내 표정에 에두아르는 느끼한 미소를 지으며 말했다.

"네 친구, 그 븅신이랑 나랑 뭐가 다른데? 왜? 나랑 있으면 무슨 일이라도 날 것 같아?"

1   벨 에포크(belle époque)는 '아름다운 시절'이라는 의미이다. 프랑스의 정치적 격동기가 끝나고 1차 세계대전이 시작되기 전까지의 19세기 말에서 20세기 초까지의 기간을 이르는 말이다.

2   사데크 헤다야트, 배수아 옮김, 《눈먼 부엉이 *Die Blinde Eule*》, 문학과지성사, 2013년

퐁네프 다리 위에서 본 베르갈랑 광장

FRANCE

브리앙송

에두아르, 제발 나를 찾아줘

그날 밤 이후로 에두아르는 생제르맹앙레의 본인 아파트에서 출퇴근했다. 나는 아틀리에 수업을 듣기 위한 데생 테스트를 통과했다. 마음은 시험에 통과하길 원한 주제에 막상 되고 나니 머리하고 한 편이 되어 걱정하기 시작했다. 머리와 마음이 똘똘 뭉쳐 나를 무겁게 짓눌렀다.

　　파리 취재도 다 끝나갔다. 로마로 돌아가 그곳의 일들을 정리하고 서울로 가야 하는데 일이 점점 꼬여갔다. 하루가 멀다고 따라다니며 취재비를 탕진하게 했던 에두아르가 이젠 옆에 딱 붙어서 온갖 방법으로 《한 달쯤, 파리》를 빨리 쓰지 못하도록 훼방을 놓았다. 파리와는 상관도 없는 곳으로 여행을 밀어 붙여 취재할 시간도 원고를 구상할 여유도 빼앗았다.

　나는 나 자신이 이해되지 않았다. 왜 그의 밀어붙이기를 '싫다'고 단호하게 거절하지 못하는 걸까?

　크리스마스 댄스파티에 우리를 초대해준 장 프랑수아가 내가 로마로 돌아가기 전 그의 집에 초대하고 싶다고 했다. 그르노블에 있는 장 프랑수아의 집에서 하룻밤을 잤다. 이튿날 두 남자는 나에게 등산복을 챙겨 짐을 싸라고 했다. 브리앙송이라는 곳 근처로 스키를 타러 가는데 같이 가자는 것이었다. 브리앙송은 해발 1326미터에 위치한 프랑스에서 가장 고도가 높은 도시다. 이탈리아 국경에서 15킬로미터밖에 떨어지지 않은 데다 지대도 높아 프랑스 국경을 지키는 요새화된 도시이기도 하다. 국제사이클대회가 열리는 곳이어서 그런지 첩첩산중 외딴 마을 같은 느낌은 전혀 없었다.

　브리앙송에는 루이 14세의 충신이었던 장교이자 건축가 '보방'이 설계한 유적들이 많이 남아 있었다. 보방이라는 이름이 반가웠다. 파리에서 당일치기가 가능한 소도시를 취재하러 부르고뉴[1] 지방의 오세르에 갔을 때 우연히 들렀던 바조슈성의 성주가 바로 보방이었다. 보방은 전 세계 군사 건축물 설계에 엄청난 영향을 미친 사람이다. 그는 바조슈성에서 1675년부터 1707년 사망할 때까지 살았다. 17세기의 유능한 군인이자 건축 엔지니어의 건축물을 생각지도 않은 곳에서 다시 보게 되어 무척 반가웠다. 우연히 알게 된 사람을 다른 장소에서 우연히 만나게 되면 반갑듯이.

두 남자는 초저녁부터 서둘러 자야 한다고 난리였다. 새벽 네 시에 호텔에서 출발해야 신선한 눈 위에서 스키를 즐길 수 있다는 것이었다. 나는 두 남자 모두 정상이 아니라는 생각이 들었다. 스키를 탈 곳은 호텔에서 한 시간 정도 차로 이동해야 하는 바르데제크랑 기슭으로 해발 4000미터가 넘는 곳이었다. 산악스키는 엄두도 못 내는 나는 호텔에서 그들을 기다렸다가 열두 시에 함께 점심을 먹기로 했다.

새벽부터 부산스럽게 숙소를 나서는 그들 때문에 잠을 설쳤는데도 일곱 시에 눈이 떠졌다. 호텔 정원을 산책하다 건너편에 그리 높아 보이지 않는 산이 눈에 들어왔다. 주변 다른 산들이 높아서 그런지 동네 뒷산처럼 만만해 보이는 산이었다.

부르고뉴의 바조슈에 위치한 바조슈성

열두 시까지는 시간도 많이 남았고 날씨도 좋았다. 저 정도 산이면 혼자서라도 갔다 올 수 있을 것 같았다.

이른 아침인데도 산을 오르는 사람들이 제법 많았다. 경사도 급하지 않고 길이 잘 닦여 있는 곳이라 사람들 옷차림이 가벼웠다. 등산복을 챙겨 입은 사람은 나밖에 없었다. 서울 지하철의 알록달록한 등산복 차림 어르신들이 떠올라 혼자 웃었다. 두 시간 정도 올랐을까? 경사가 완만한 평지가 나오고 작은 오두막 같은 산장이 있었다. 사람들은 벤치에 앉아 눈앞에 펼쳐진 알프스산맥을 감상했다. 나도 햇살이 좋은 벤치에 앉아 넋 놓고 감상했다. 살짝 졸렸다. 일어서서 산장 뒤쪽을 둘러봤다. 어지러웠다. 지대가 높아서 그런 것 같았다. 어지러운 것을 진정시키기 위해 산장 주변을 조금 벗어나 걷기 시작했다. 현기증은 사라지지 않았고 조금씩 몽롱해졌다. 그만 하산하는 게 좋겠다 싶어 발걸음을 돌렸다.

산장 쪽으로 가는데 뭔가 이상했다. 꿈이라도 꾼 걸까? 산장이 사라졌다. 내가 아무리 방향 감각이 없다 해도 왔던 길을 되돌아가지 못할 정도는 아니다. 분명 산장에서 조금밖에는 벗어나지 않았는데 산장과 그 많던 사람들이 순식간에 사라져버린다는 게 말이 되는가? 뭐에 홀린 것처럼 황당했다. 정신을 가다듬고 일단 산장을 찾아보기로 했다. 걸어도 걸어도 산장은 안 보였다. 이쪽이 아니었나? 반대쪽으로 가볼까? 급한 마음에 뛰었다. 헉, 절벽이다! 조금만 더 빨리 뛰었다면 속력을 조절하지 못해 아래로 떨어졌지도 모를 아찔한 순간이었다.

정신이 번쩍 들었다. 길을 잃은 적은 많았어도 목숨이 위태로운 적은 없었다. 눈앞에 길이 사라지고 없었다. 주위에는 하늘과 공기와 바람, 나무와 돌멩이밖에 없었다. 얼떨떨했다. 다시 돌아서서 걸었다. 산속으로 더 깊이 들어가는 것 같았다. 내가 지금 어디에 있는지 시간이 얼마나 지났는지 알 수 없었다. 모든 것이 무감각해졌다. 머릿속이 백지가 되는 것 같았다.

그때 울리는 휴대전화 벨소리. 에두아르였다. 그의 전화가 이렇게 반가울 수가!

"어디야? 열두 시 약속 까먹었어?"

"어… 내가 어디에 있는지 모르겠어. 분명한 건 내가 호텔 정원에서 보이는 건너편 산에 있다는 거야."

"으하하하하! 네가 드디어 제대로 길을 잃었구나!"

이런 상황에서 웃음이 나오냐? 하지만 그의 웃음 덕분에 내가 처한 상황이 덜 심각하게 느껴졌다. 에두아르는 주위에 나무가 없는 곳을 찾아 겉옷을 벗어 흔들라고 했다. 자신이 망원경으로 나를 찾아내겠다는 것이었다. 아주 여유만만했다.

"자, 십 분 후부터 옷을 흔들어. 삼십 분 동안 흔들어. 물론 그 전에 내가 널 찾아낼 수도 있어."

우선 나무가 없는 곳을 찾아야 했다. 정신없이 걷다가 비탈진 곳에 바위만 있는 곳을 발견했다. 그곳까지 가는 길이 없어 장갑을 끼고 바위 사이 잡풀을 잡고 엉덩이로 미끄러져 내려갔다. 그리고 그가 시킨 대로 겉옷을 벗어 흔들기 시작했다. 한참을 그렇게 흔들었다.

다시 전화벨이 울렸다.

"옷 제대로 흔들고 있어? 아무리 봐도 니가 안 보여."

"나 지금 커다란 바위 위에서 옷을 계속 흔들고 있어. 나, 안 보여? 악!"

바로 눈앞에서 엄청 큰 뿔이 달린 산짐승이 나를 향해 돌진해 오고 있었다.

"왜? 왜 그래?"

"야생동물이닷! 아아악!"

괴성이 끔찍했는지 나를 향해 달려오던 산짐승이 더 놀란 것 같았다. 순식간에 방향을 틀어 다른 곳으로 가버렸다. 가슴을 쓸어내렸다. 전화기 건너편에서 또다시 에두아르의 웃음소리가 들렸다. 상황 파악이 안되는 건가? 왜 웃고 지랄인가? 욕이 튀어나오려는 걸 간신히 참았다.

"야! 재밌냐?"

"걱정하지 마! 바로 구조대에 연락해서 헬리콥터 띄울게! 그냥 거기서 기다리고 있어."

헬리콥터? 내가 고소공포증이 심하다는 걸 잊었나?

"헬기는 안 돼! 절대로! 네버!"

아무리 소리를 질러도 에두아르는 아무 반응이 없었다. 배터리가 방전돼 휴대전화가 꺼진 것이었다.

이젠 어쩔 수 없다. 스스로 길을 찾는 수밖에. 무조건 걸어야 했다. 정신없이 걷고 있는데 헬리콥터 소리가 들렸다. 내 말을 똥구멍으로 들었나? 고소공포증이 장난인 줄 아나? 나는 얼른 나무 아래 몸을 숨기고 헬기가 지나가길 기다렸다. 헬리콥터가 사라진 후 다시 뛰다시피 마구 걸었다.

산속은 조용했다. 나는 혼자였다. 그렇게 완벽하게 혼자가 되어본 적은 처음이었다. 알피니스트 조 심슨이 쓴 《난, 꼭 살아 돌아간다》라는 책의 한 구절이 생각났다.

마음속에 은밀하게 숨어 있던 공포도 조금씩 사라져갔다. 나는 내가 죽는 데 과연 얼마나 걸릴까 궁금해하며 내 감정이 변해가는 것을 흥미롭고 느긋한 마음으로 관찰하고 있었다. (중략) 일찍이 이렇게 나른한, 마치 팔과 다리가 잘려나간 것 같은 기분을 느껴본 적은 없었다. 기분이 이상했다.[2]

나는 정말 이상한 기분으로 계속 걸었다. 계곡과 물에 잠긴 징검다리가 나타났다. 계곡을 건너야 할지 말아야 할지 망설였다. 미끄러지면 다칠 수도 있고 물살에 휩쓸릴지도 몰랐다. 그렇다고 계곡을 건너지 않으면 어쩔 것인가? 되돌아가도 길은 없는데. 등산화 신기를 잘했다 싶었다. 등산화를 사준 에두아르가 고마웠다. 좋은 신발 덕분에 미끄러지지 않고 징검다리를 건널 수 있었다.

그때부터였다. 드디어 내가 미친 건지 머릿속에서 '산 넘고 물 건너 바다 건너서~'라는 노래가 맴돌기 시작했다. 코믹송과 함께 전화기에서 들려오던 에두아르의 웃음소리가 머릿속을 떠나지 않았다. 그리고 그때부터 전혀 무섭지 않았다. 마음이 평온해졌다.

스스로에 대한 믿음이었을까? 아니면 유일하게 믿을 단 한 사람인 에두아르에 대한 믿음이었을까? 그는 내가 길을 잃을 때마다 나를 찾아냈었다. 그때도 나를 꼭 찾아낼 것이라 믿었던 것 같다. 나는 처음으로 스스로에게 솔직해졌다. 에두아르를 믿는다는 사실을 나 자신에게 털어놓고 말았다. 왠지 기분이 개운했다. 마음의 소리를 받아들이면 이런 기분이구나. 귓가에서 그의 웃음소리와 코믹송이 떠나지 않았다. 큰소리로 웃어준 그가 고마웠다.

어느새 나는 '산 넘고 물 건너 바다 건너서'를 소리 내어 부르며 걷고 있었다. 그렇게 한참 걸었다. 눈 아래로 길이 보였다. 그 길까지 어떻게 가야 하는지는 몰라도 어쨌든 그 방향으로 가기만 하면 될 것 같았다. 나는 그 길을 향해 엉덩이로 미끄러져 내려갔다. 길에 도착했다. 방향 따위 생각지 않고 무조건 걸었다. 어디에 도착하든 산에서 밤을 보내지 않아도 되는 것만으로 충분했다. 그때부터 더 크게 '산 넘고 물 건너 바다 건너서'를 부르며 걸었다.

멀리서 인기척이 들렸다. 소리가 나는 곳으로 뛰었다. 셰퍼드 두 마리와 걷고 있던 남자 두 명이 나를 보자 소리쳤다.

"마담 리?"

에두아르가 수색대를 보낸 것이었다.

"Yes, Yes! I am!"

소리치며 달려가는 나를 향해 남자들이 박수를 쳤다.

"혼자 길을 찾으셨군요. 잘하셨습니다! 다친 데는 없습니까? 남편분이 이 길 끝에서 기다리고 있습니다. 걱정 많이 하고 계시니 어서 뛰어가세요! 저희는 남편분께 연락드리고 천천히 뒤따르겠습니다."

헉, 그놈이 내가 지 마누라라고 하던가요? 나는 경악하면서도 따져 물을 생각은 들지 않았다. 일단 뛰었다. 멀리서 두 남자가 보였다. 에두아르와 장 프랑수아였다. 나는 걸음을 늦춰 그들 앞으로 다가갔다. 두 남자를 마주하자 미안하다거나 고맙다는 말이 나오는 게 아니라 그저 웃음만 나왔다. 장 프랑수아가 걱정스러운 눈으로 괜찮냐고 물었다. 에두아르는 함박웃음을 지으며 말했다.

"브라바! 난 네가 분명 길을 찾을 수 있을 거라 믿었어."

그르노블로 돌아가는 길 에두아르는 옆자리에 장 프랑수아를 앉혔다. 내게는 피곤할 테니 뒷자리에 누워서 가라고 했다. 두 남자는 아침에 탔던 스키에 관해 얘기하는 것 같았다. 이탈리아어를 알면 프랑스어도 대충은 알아들을 수 있다. 같은 라틴어권 언어이기 때문이다. 물론 쉬운 말만 그렇다. 장 프랑수아가 계속해서 스키 얘길 하는데 에두아르가 그의 말을 자르며 물었다.

"쟤 뭐하냐?"

장 프랑수아가 고개를 돌려 내 쪽을 쳐다보는 것 같았다. 나는 얼른 눈을 감고 자는 척했다.

"잔다. 나는 눈물범벅이 돼서 나타날 줄 알았는데 웃어서 놀랐어. 안 무서웠나봐."

장 프랑수아의 말에 에두아르가 피식 웃으며 말했다.

"무서웠을 거야, 아주 많이."

두 남자의 대화를 들으며 나는 계속 자는 척했다. 예전에 읽은 《그리스인 조르바》의 문장 하나가 떠올랐다.

당신 역시 저울 한 벌 가지고 다니는 거 아니오? 매사를 정밀하게 달아보는 버릇 말이오. 자, 젊은 양반, 결정해 버리쇼. 눈 꽉 감고 해버리는 거요.[3]

그동안 왜 에두아르를 밀어내려고만 했을까? 물론 그의 스타일이 구린 것도 문제지만 나와의 격차가 너무 크기 때문이었다. 해박한 지식, 세상에 대한 열정, 존경할 만한 고상한 세계관, 금수저 집안의 후손. 어쩔 수 없이 기죽어 살아야 할지도 모른다는 두려움 때문이었다. 내가 언제부터 이런 계산을 하고 살게 되었나? 산속에서 내 마음을 나 자신에게 솔직하게 털어놓지 않았던가? 기분이 이상했다. 조 심슨이 그랬듯이 마치 팔과 다리가 잘려나간 것처럼 나른하고 홀가분했다.

파리로 돌아와 에두아르와 나는 결혼하기로 했다.

1   2014년 프랑스 지방행정 구역 개편과정에서 부르고뉴는 동쪽에 있는 지방행정 구역이었던 프랑슈-콩테와 합병해 부르고뉴-프랑슈-콩테라는 행정구역으로 구분되었다. 2022년 현재까지 일반적으로 부르고뉴와 프랑슈-콩테를 구별해서 지칭하고 있어 이 책에서는 옛 지명 그대로 사용했다.

2   조 심슨, 정광식 옮김, 《난, 꼭 살아 돌아간다 Touching the Void》, 예지, 2004년

3   니코스 카잔차키스, 이윤기 옮김, 《그리스인 조르바 Vios ke Politia tu Aleksi Zorba》, 열린책들, 2009년

GERMANY

콜른

만질 수 없는 생일 선물

결혼 후 처음 맞는 내 생일.

에두아르는 생일 선물로 '쾰른 여행'을 준비했다. 별로 달 갑지 않았다. 나는 만질 수 없는 추상적인 선물보다 만질 수 있 는 현실적인 선물을 훨씬 더 좋아한다. 게다가 그는 결혼 후 처 음 맞은 성탄절에도 '여행'을 선물했었다. 여행지는 런던이었 다. 런던에서 나는 좋아하는 뮤지컬도 한 편 못 봤다. 대신 대 영박물관에서 전시품들을 머리가 아플 때까지 들여다봤다. 그 것도 모자라 런던 시내의 서점이란 서점은 다 들어가 기웃거 렸다. 크리스마스 당일에는 문을 연 곳이라고는 맥도널드밖에 없어서 우리의 성탄 식사는 맥도널드의 세트 메뉴였다. 버스도 지하철도 운행을 하지 않아 하루종일 걸어 다녔다. 그뿐만 아니다. 영국인들이 프랑스 억양의 영어로 말하는 에두아르를 대놓고 무시해서 내가 그 잘하는 영어로 길을 묻고 다녔다. 백 년 동안 쌈박질해댄 프랑스와 영국 사이의 남은 앙금을 제대로 실감했다.

집에서 출발해 세 시간 정도 멈추지 않고 달리자 벨기에의 몽스가 나왔다. 나는 고흐가 인생의 대전환점을 맞은 곳인 몽스가 어떤 곳일지 항상 궁금했다. 선교사로 몽스에 왔던 고흐는 그곳 외곽 퀴엠에 있는 탄광촌의 광부들과 어울리며 화가로 살아갈 것을 다짐했다. 동생 테오에게 '나는 다시 연필을 잡을 거야, 그리고 다시 그림을 그리겠어'라고 썼던 유명한 편지도 그곳에서 쓴 것이다. 몽스에 도착해 내가 고흐를 먼저 떠올렸다면, 에두아르는 랭보의 연인으로 잘 알려진 폴 베를렌을 떠올린 모양이었다. 베를렌에 관한 이야기만 계속 해댔다.

베를렌은 1873년 7월 브뤼셀에서 술에 취해 연하의 동성애인이었던 랭보에게 총 두 발을 쏘고 체포된 뒤 투옥되었다. 베를렌이 있었던 감옥이 바로 몽스에 있다. 부잣집 아들로 태어나 제멋대로 행동하며 퇴폐적인 시를 쓰던 베를렌은 이 년간의 수감생활 동안 가톨릭으로 개종하고 개과천선하는 모습을 보이며 시인의 빛나는 감성이 잘 표현된 시를 썼다. 하지만 출소 후 아내에게는 이혼당하고 연인 랭보에게는 외면당하면서 다시 알코올 중독에 약물 중독으로 인생 말년을 엉망으로 보냈다. 쉰한 살의 이른 나이에 세상을 떠난 베를렌은 뛰어난 시인으로 인정받아 프랑스 문단에서 부여하던 '시인의 왕자'라는 비공식 칭호를 받는 영광까지 얻었지만, 정작 그의 인생 전반은 그야말로 개판 그 자체였다. 그는 자신의 책 제목이기도 했던 '저주받은 시인들' 중 한 명이었다.

"오르세미술관에 있는 유명한 그림 〈식탁 모서리〉에서 랭보 옆에 앉은 인상 더러운 놈이 베를렌 맞지?"

"시인이 시만 잘 쓰면 되지, 인상도 좋아야 해?"

그렇다. 시인이 인상까지 좋을 필요는 없지만 그렇다고 시만 잘 쓰면 된다고 생각하지는 않는다. 베를렌은 아름다운 시를 썼지만 가까운 이들의 마음은 다치게 했다. 시인의 섬세한 감수성이 바로 옆에 있는 소중한 사람들에게는 왜 발휘되지

몽스의 시청 앞 광장

못했을까? 그의 시는 자신의 예술 세계만을 위한 것이었다. 철저히 자기중심적인 이기주의자라는 인상을 지울 수 없다. 사람들은 베를렌을 비롯한 수많은 천재 예술가들을 광기의 예술가네, 비운의 예술가네 하며 그럴싸한 영웅으로 만들어 열광한다. 사람들이 예술가의 자기만족과 자아도취의 산물인 작품과 영웅화된 예술가에게 열광하는 데는 두 가지 이유가 있다고 생각한다. 하나는 작품이 좋아서일 테고 또 하나는 그 천재 예술가와 생판 남이어서일 테다.

예술가는 자비로운 인성을 가져야 한다는 것이 아니라, 인성이 좋지 않은 예술가를 치켜세워 줄 아량이 내게는 없다는 말이다. 진정한 예술은 예술가의 진정성에서 나오며 진정성은 도덕적 인성에서 비롯된다고 생각한다. 에두아르는 '그렇게 따지면 이 세상에 진정한 예술가가 몇 명이나 되겠냐'고 한다. 나는 예술가가 반드시 많아야 할 이유는 없다고 생각한다.

"점심 먹고 베를렌이 수감되었던 감옥에 가보자."

"나는 거기보다 고흐가 살았던 집에 더 가보고 싶어."

"거긴 시간이 안 돼. 여기서 늦어도 네 시에는 출발해야 저녁 시간 전에 쾰른에 도착할 수 있어."

앞줄의 맨 왼쪽이 베를렌이다.
앙리 팡탱 라투르, 〈식탁 모서리〉, 1872년 ⓒ 퍼블릭 도메인

점심을 먹은 뒤 화려한 고딕 양식의 시청 건물과 몽스의 상징이라고도 할 수 있는 바로크 양식의 종탑을 보러 갔다. 에두아르는 평소와 다르게 "별로 안 높네" 한마디로 종탑을 표현했다. 높이가 87미터나 되는 종탑이 별로 안 높다니. 참 프랑스인답다. 이렇게 벨기에의 것들을 깔보니 벨기에 사람들이 프랑스인을 싫어하는 것이다.

탑에서 울리는 아름다운 종소리까지 들은 후 주차장으로 향했다. 에두아르는 시간을 너무 많이 잡아먹었다며 엄청 빨리 걸었다. 그와 보조를 맞추기 위해 나는 거의 뛰어야 했다. 숨이 찼다. 에두아르는 어느 건물 앞에서 차를 세우더니 그 앞을 기웃거렸다. 베를렌이 수감되었던 감옥이었다. 이걸 보려고 그렇게 미친 듯이 걸었다고? 덕분에 나는 숨 막히게 뛰고? 시간 없다면서 자기가 가고 싶은 곳은 기어이 가고, 내가 가고 싶은 고흐 집에는 안 간다는 거지. 이번 여행이 내 생일 선물이라고 하지 않았던가? 계속 이런 식으로 나오면 나는 쾰른에서 신내림을 받아 지름신을 모시고 말 테다 마음먹었다.

쾰른에서는 에두아르의 어릴 적 유모였던 이르미 아주머

니 집에서 묵기로 했다. 나는 결혼식 날 처음 이르미 아주머니와 그녀의 남편 타실로 아저씨를 만났다. 피로연 때 두 사람은 내 앞으로 다가와 작은 쪽지를 펼쳐 떠듬떠듬 읽었다. 쪽지에는 '안녕하세요, 결혼 축하합니다'라는 한국어가 발음기호와 함께 쓰여 있었다. 이르미 아주머니는 우리 엄마와 나이가 같고 타실로 아저씨는 우리 아빠와 동갑이다. 나는 그들이 왠지 더 푸근하게 느껴졌다. 그들을 기다리게 하고 싶지 않았다. 베를렌을 면회할 수 있는 것도 아닌데 감옥 앞에서 서성이는 에두아르가 꼴 보기 싫었다. 나는 차에서 내리지 않고 소리쳤다.

"빨리 타!"

언젠가 지구 밖에서 지구를 보면 가장 반짝이는 곳이 벨기에일 것이라는 말을 들었었다. 정말 그럴 것 같았다. 거리가 지나치게 환했다. 거리에 가로등이 지나치게 많다. 눈부신 가로등 아래 도로를 두 시간 정도 달리자 갑자기 사방이 캄캄해졌다. 독일로 접어든 것이었다. 주위 차들이 광란의 질주를 했다. 최소한 시속 150킬로미터 이상은 밟고 달리는 것 같았다. 독일의 고속도로 아우토반에는 속도제한이 없다는 말을 실감하는 순간이었다. 에두아르도 150킬로미터까지 속도를 올려보더니

142

일 분 만에 그만두었다. 나만큼이나 그도 심장이 쫄깃한 모양이었다.

속도 무제한 아우토반 덕분에 저녁식사 시간 전에 쾰른의 이르미 아주머니댁에 도착할 수 있었다. 아주머니는 독일 여행이 처음인 나를 위해 전형적인 독일 가정식으로 저녁식사를 준비했다. 식사 시간 내내 행복한 표정으로 에두아르의 어릴 적 이야기를 들려주던 아주머니는 마침 이튿날이 '로젠몬탁'이라는 희소식도 알려주었다. '장미의 월요일'이라는 뜻의 로젠몬탁은 무려 사 개월 동안 진행되는 유명한 축제 '쾰른 카니발'의 클라이맥스다. 각종 분장을 한 사람들이 꽃, 사탕, 초콜릿 등을 던져주며 춤추고 노래하고 연주하며 행진하는 축제가 벌어진다.

로젠몬탁의 아침이 밝았다. 이르미 아주머니의 아침상은 거했다. 이탈리아와 프랑스에서는 아침부터 짠 음식은 먹지 않는데 독일에서는 한국처럼 아침에도 짠 음식을 먹는다. 아침으로 밥과 반찬을 먹는 아시아 사람들을 보며 "어떻게 아침부터 그렇게 짠 음식을 그렇게 많이 먹을 수 있는지 모르겠다"

호들갑을 떨던 이탈리아인들 생각이 났다. 나는 어차피 아침을 먹지 않지만 그들의 호들갑이 참 듣기 싫었다. 하기야 우리 엄마 또래의 한국 아주머니들은 이탈리아 사람들이 아침으로 달콤한 비스킷을 먹는 걸 보고 "아침부터 무슨 과자 부스러기냐"고 펄펄 뛰니까 서로 퉁 치면 되겠다.

서로 달라 낯선 것뿐인데 사람들은 왜 그것을 이상하다고 생각하는 걸까? 세상에는 다른 것보다 틀린 것이 더 많은데, 사람들은 틀린 것보다 다른 것에 더 민감한 반응을 보인다. 우리는 대체 왜 이러는 걸까?

그나저나 이르미 아주머니의 거한 아침상 앞에서 걱정이 앞섰다. 에두아르가 깽판을 칠 것 같아서였다. 아니나 다를까 역시나였다.

"이르미, 주영이는 아침 안 먹어요!"

아침 일찍부터 신경 써서 식사를 준비했을 아주머니 앞에서 그딴 소리를 하다니. 주책바가지 에두아르는 사람을 배려한답시고 거꾸로 당황하게 만드는 재주가 있다. 제발 가만히 있으면 좋으련만 가족들 집에 초대받아 갈 때도 에두아르는 미리 전화해 내가 못 먹는 음식을 일러주었다.

"주영이는 양고기를 못 먹으니 준비하지 마라!"

"씻지 않은 야채는 안 먹으니 반드시 씻어서 준비하라."

"과일은 먹지 않으니 과일이 들어간 디저트는 피하라."

이게 무슨 똥 같은 배려인가? 사람을 난처하게 만드는 것도 유분수지. 이런 소리를 들은 가족들이 나를 어떻게 생각하겠는가. 이르미 아주머니는 에두아르의 똥 같은 배려를 단칼에 잘라버렸다.

"아침을 안 먹는 게 어딨어? 에두아르, 너는 입 다물어. 주영, 먹어!"

그녀의 말에 기분이 좋았다. 에두아르는 당황해서 내게 '먹고 싶지 않으면 안 먹어도 된다'는 눈빛을 쏘았다. 그는 이르미 아주머니의 그런 호통이 나처럼 고향을 떠나 사는 사람에게 얼마나 푸근한 것인지 모르는 것 같다. 에두아르가 생각하는 배려란 상대를 자유롭게 하는 것이다. 누군가를 자유롭게 하려면 냉정해져야 한다. 그 누군가와 내가 엉키지 않고 분리되어야 가능하다. 쿨해야 한다. 하지만 나는 인간의 감성은 끈끈하게 엉키는 데서 생겨난다고 생각한다. 그래서 나는 쿨한 사람을 별로 좋아하지 않는다.

내게 아침을 꾸역꾸역 먹인 아주머니는 에두아르에게는

펑키스타일 빨간색 가발을, 내게는 마귀할멈 베파나의 고깔모자를 주었다. 그 정도는 하고 나가야 욕을 안 먹는다고 했다. 베파나가 된 나는 이왕이면 빗자루도 빌려달라고 했다. 에두아르는 울며 겨자 먹는 표정으로 가발을 뒤집어썼다. 펑키 스타일은 의외로 에두아르에게 잘 어울려서 놀랐다.

시가행진은 오전 열한 시경부터지만 우리는 조금 일찍 나섰다. 밖으로 나오자 로젠몬탁 분위기가 단박에 느껴졌다. 스머프, 말괄량이 삐삐, 아를레키노, 캐리비안의 해적, 매드 해터 같은 소설이나 영화 속 인물은 물론이고 성 프란체스코, 모차르트, 엘비스 프레슬리, 우주복을 입은 닐 암스트롱도 걸어 다녔다. 남녀노소 할 것 없이 모두가 복장은 물론 헤어와 메이크업까지 완벽하게 분장한 모습이었다. 우리처럼 부분만 분장한 사람들은 대부분 외국에서 온 관광객인 듯했다. 다음에 로젠몬탁에 참가할 기회가 또 있다면 나도 쾰른 사람들처럼 완벽하게 분장하고 싶다.

재밌는 차림의 사람들을 구경하며 걷다 보니 어느새 쾰른 대성당이 보였다.

"여기 불났었어?"

독일의 고딕 건축을 대표한다는 대성당을 본 나의 첫마디

였다. 13세기에 착공해 19세기에 완공된 쾰른 대성당은 2차 세계대전 당시의 폭격과 매연으로 검게 변했다고 한다. 변색 복원작업이 진행되고 있다는데 아직 갈 길이 먼 듯했다. 새카맸다.

성당 뒤쪽으로 가자 라인강을 가로지르는 육중한 다리가 보였다. 호엔촐레른 다리였다. 1859년 쾰른에 중앙역이 생기면서 교통량이 갑자기 늘어나자 기존에 있던 '대성당 다리'를 증축하고 부분적으로 교체해서 만든 다리다. 2차 세계대전 중 폭격기의 집중 공격대상이 되어 상당 부분 파손되었는데, 1945년 3월 미군이 쾰른으로 진입해 시가전이 벌어지자 독일군은 후퇴 직전에 이 다리를 아예 폭파해버렸다. 현재 다리의 모습은 종전 후 1959년에 복구된 다리에 1975년 S-반[1]이라는 통근철도 운행이 개시되면서 새로운 철교를 증축해 1989년에 완공한 것이다.

다리의 철로 옆에 붙어 있는 보행자용 통로로 다가갔다. 다리 난간에 컬러풀한 자물쇠가 정말이지 빈틈없이 빼곡히 달려 있었다. 일명 '사랑의 자물쇠'였다.

내가 사랑의 자물쇠를 처음 본 것은 로마의 밀비오 다리에

호엔촐레른 다리의 사랑의 자물쇠

서였다. 로마 북쪽 끝에 있는 밀비오 다리는 기원전에 건설된 오래된 다리다. 이탈리아 작가 페데리코 모치아가 쓴 《너를 원해》라는 소설에 밀비오 다리 위 세 번째 가로등에 사슬을 걸어 자물쇠를 채운 후 열쇠를 다리 아래 테베레강에 던지는 장면이 나온다. 소설 속 주인공은 그렇게 하면 연인은 영원히 헤어지지 않는다고 말한다. 소설이 세계적으로 인기를 얻으면서 세계 곳곳의 다리 위에 사랑의 자물쇠가 등장하게 되었다. 파리의 몇몇 다리에도 엄청 많은 자물쇠가 달려 있지만 쾰른의 호엔촐레른 다리만큼은 아니다.

에두아르는 "이게 대체 뭐 하는 짓이냐?"라며 성질을 냈다. 나는 페데리코 모치아의 소설 이야기를 해서 그를 진정시키려 했다. 역효과만 봤다. 제목부터 마음에 안 든다고 생지랄을 했다.

드디어 시가행진이 시작된 모양이었다. 멀리서 음악 소리가 들렸다. 소리가 들리는 곳을 향해 뛰었다. 가까이에서 본 시가행진은 상상 그 이상이었다. 화려하게 분장한 사람들이 온갖 관악기와 타악기를 연주하며 앞서고 그 뒤로 쾰른 대성당 모형이 등장하면서 행진의 시작을 알렸다. 행진하는 그룹마다 복장도 연주하는 음악도 제각각이었다.

시가행진용으로 치장된 오픈 차량이 등장하자 사람들이 동시에 '알라아프'[2] 하고 외쳤다. 나도 따라 외쳤다. 차량에 탄 사람들은 거리의 사람들에게 사탕, 초콜릿, 열쇠고리, 피규어 같은 것들을 마구 던졌다. 아이들은 천 가방에 사탕과 초콜릿 등을 주워 담았다. 나는 빗자루로 땅에 떨어진 것들을 쓸어모았다. 에두아르가 뒤에서 내 옷을 잡아당겼다. 주위를 둘러보니 아이들이 나를 노려보고 있었다. 나는 빗자루질을 멈추고 사탕을 손으로 주워 주머니에 쑤셔 넣었다. 행진이 너무 다채롭고 재밌어서 시간 가는 줄 몰랐다.

이르미 아주머니가 준비한 점심을 먹기 위해 들어갔다가 시가행진을 보기 위해 다시 나가려는데, 에두아르는 집에 남겠다고 했다. 여기까지 와서 일 년에 단 하루만 볼 수 있는 멋진 행진 대신 책이나 읽겠다니. 더구나 결혼 후 첫 생일인데 나 혼자 나가라니. 기분이 상했다.

거리로 나왔다. 쿨하지도 쿨한 사람을 좋아하지도 않는 나는 주위에 사람이 넘쳐흘렀지만 혼자 있는 느낌이었다. 에두아르에게 서운한 마음을 달래보려고 '알라아프'를 누구보다

크게 외쳤다. 그런 내가 눈에 잘 띄는지 행진하던 사람들이 다가와 장미꽃을 건넸다. 장미 몇 송이를 받아들자 기분이 좋아졌다. 그때부터 나는 목이 쉬어라 '알라아프'를 외치며 차량을 향해 크게 손을 흔들었다.

아시아에서 온 나이 든 여자가 그렇게 적극적으로 소리를 지르는 건 처음 본 모양이었다. 나는 사탕, 초콜릿, 젤리, 캐러멜 폭탄을 맞았다. 눈치 빠른 꼬맹이들은 내 옆에 딱 붙어 떨어지는 콩고물을 챙겼다. 시가행진이 끝날 때쯤 달달한 것들로 넘쳐나는 가방이 너무 무거워 들고 있기도 힘들었다. 장미꽃은 거리에 있는 사람 중에 제일 많이 받은 것 같았다. 장미꽃들을 이르미 아주머니께 갖다 드릴 생각에 기분이 무척 좋았다.

장미꽃 다발을 보자 아주머니는 "이렇게 많은 장미를 받은 사람은 본 적이 없다"며 기뻐했다. 에두아르는 내가 어떻게 행동했을지 안 봐도 뻔하다고 고개를 저으면서도 활짝 웃으며 말했다.

"아주 잘 했어."

그에게 서운했던 마음이 사라졌다. 칭찬은 미워하는 마음을 녹일 수 있는 가장 손쉬운 방법이 아닐까?

우리는 다음날 쾰른을 떠나 독일에서 가장 오래된 도시 트리어로 가기로 했다. 칭찬도 녹일 수 없는 뒤끝이 작렬하는 나는 아무래도 지름신을 모시는 게 좋을 것 같아 한마디했다.

"쾰른을 떠나기 전에 우리는 '오 드 콜로뉴'³ 상점에 들를 거야."

다음날 상점에 들러 오 드 콜로뉴 네 병을 샀다. 에두아르는 네 병씩이나 필요하냐며 놀라는 눈치였다. 나는 대놓고 평생 해본 적 없는 말을 했다.

"내 생일 축하 주간이니까!"

기분이 찜찜했다. 본인도 같이하는 여행을 선물이라고 주는 남편에게 그런 식으로 악착같이 선물을 받아내는 내 모습이 싫었다. 그런 내 모습을 더 이상 보고 싶지 않았다. 그러려면 쿨해져야 할 것 같았다. 평소 내가 무척 싫어하는 쿨한 사람이 되어야 한다는 생각이 들자 서글펐다.

계산을 마치고 상점에서 나오며 에두아르 손에 들린 쇼핑백을 뺏어 들었다. 생각보다 묵직해서 안을 들여다봤다. 나는 분명 네 병을 골랐는데 쇼핑백 안에 향수가 여섯 병이나 들어 있었다. 혹시 나를 위해 더 샀나 하는 기대를 하며 에두아르에게 물었다.

"왜 여섯 병이지?"

에두아르는 내가 향수를 고르는 사이 자기 것도 골랐다고 했다. 순간 성질이 났다. 자기 생일도 아니면서 왜 산 건가? 한 병도 아니고 두 병씩이나. 아무래도 나는 심보가 더러워 쿨해지기는 글렀다 싶었다. 앞으로도 나는 마음에 안 드는 내 꼬라지를 계속 보고 살아야 할 것 같았다.

---

1   S반(S-Bahn)은 독일, 스위스, 덴마크, 오스트리아 등 독일어권 국가의 대도시에서 운행되는 도시철도 시스템이다.

2   알라아프(Alaaf)는 쾰른 카니발에서 지르는 환호성이다. 우리말 '만세' 정도에 해당하는 쾰른 사투리이다. 다른 지역에서는 '헬라우(Helau)'라고 외친다고 한다.

3   오 드 콜로뉴(Eau de Cologne)는 쾰른을 대표하는 관광상품으로 수분을 함유한 알코올성 향수의 브랜드명이다. 18세기 초 쾰른에 정착한 이탈리아 향수제조가에 의해 창업되었고, 브랜드명은 프랑스어로 '쾰른의 물'이라는 뜻이다.

FRANCE

알레시아

자기보존과 자기긍정의 본능

퀼른 여행에서 돌아와 얼마 되지 않아 리모주 근처에 있는 셋째 시숙 뱅상의 성城에서 성대한 디너파티가 있었다. 파티에는 가족과 친구들은 물론 사돈의 팔촌까지 초대되었다. 파리에서 남서쪽으로 400킬로미터 이상 떨어져 있는 곳으로 사람들을 부른 뱅상은 아무리 피아니스트 초청 공연과 현대 무용가의 퍼포먼스를 겸한 근사한 디너파티였다 해도 저녁 한 끼 달랑 먹여 보내는 것이 미안했는지 다음날 작은 이벤트를 준비했다.

파티가 끝나갈 무렵 뱅상은 무대로 올라가 다음날 리모주

159

의 생테티엔 대성당에 견학을 가려 하니 참가할 사람은 오후 세 시까지 성당 앞으로 모이라고 했다. 이튿날 오후 대성당 앞에 모인 사람은 생각보다 많았다. 세 시가 되자 뱅상은 성당 외부의 건축양식에 대한 설명부터 시작했다. 에두아르와 파리의 여러 성당을 다녔을 때와 비슷했다. 뱅상은 성당 안에 들어가기 전 파사드와 외벽의 조각상들에 대해 하나하나 설명했다. 족히 삼사십 분은 걸렸던 것 같다. 매번 성당 한번 들어가기 참 힘들다.

뱅상은 대성당의 우뚝 솟은 4층 종탑부터 설명했다.

사각형 평면의 3층 건물에 올려진 종탑은 팔각형 평면으로 이뤄졌고, 네 귀퉁이에는 다시 팔각형의 작은 탑이 덧붙여졌다. 그러한 형태는 리모주가 속한 리무쟁 지역의 특색이기도 하다. 생테티엔 대성당은 13세기에 착공해 14세기 들어 자금 부족으로 공사가 중단되었다. 공사가 재개되고 얼마 되지 않아 백년전쟁으로 다시 한번 공사가 중단되는 바람에 19세기에야 겨우 완성되었다. 완공까지 대략 600년이 걸린 셈이다.

오랜 세월 여러 가지 일을 겪다 보니 성당의 본 건물은 고

리모주의 생테티엔 대성당

딕 양식으로 종탑은 로마네스크 양식으로 만들어졌는데 그래
서 더 매력적으로 보였다. 건물도 사람처럼 사연이 많을수록
더 매력적으로 보이는 것 같다.

성당 내부로 들어와 본격적인 설명이 시작되자 무척 지루
해지기 시작했다. 특히 성당 안 제단과 중앙 홀 사이의 높은 벽
처럼 생긴 '쥐베'에 대해 설명할 때는 지겨워 죽는 줄 알았다.
다른 사람들도 그렇겠거니 하며 둘러보다 깜짝 놀랐다. 다들
흥미롭다는 표정으로 뱅상의 이야기에 귀 기울이며 중간중간
질문까지 했다. 나처럼 듣는 척 연기하며 딴청 부리는 사람은
없었다. 모두 나보다 나이도 많은데 호기심과 학구열이 대단
했다. 부러웠다.

오래전 사촌언니가 했던 말이 떠올랐다.

"나는 내 아이가 깨끗하고 반듯한 사람들과 어울렸으면 좋
겠어. 그래서 내 아이를 반듯하게 키우려고 해."

세상 엄마들 대부분이 그런 생각을 할 것이다. 결혼 전부터
어느 정도 눈치는 챘지만 그들의 가족이 되어 바라본 에두아
르의 집안은 정말 부르주아였다. 심지어 그의 어머니 집안은
귀족 출신이다. 그래서인지 시댁 가족 주위에는 돈 많고 예의

바르고 박학다식하고 교양 있는 사람들밖에 없다. 시댁 가족을 포함한 그들 주위의 대부분은 사촌언니와 같은 생각은 하지 않는다. 그들이 모든 인간은 평등하다는 인류애를 가지고 있어서가 아니다. 그들 주위에는 이미 오래전부터 반듯한 사람들밖에 없어 그럴 필요가 없는 것이다. 그들이 스스로를 반듯하게 하는 것은 그런 이들과 어울리기 위해서가 아니라 그렇지 않은 자신은 상상할 수조차 없기 때문이다.

그들은 우월함을 당연하게 받아들인다. 그래서인지 그들에겐 '차별'도 자연스럽다. 하지만 그런 그들을 비난하기는 불편하다. 한국의 몇몇 사람들이 해대는 갑질은 순수해서 편하다. 그들은 촌스럽고 천박한 갑질로 그들이 좋아하는 차별을 대놓고 표현한다. 그 어설픈 순수함은 마음껏 비난하고 비웃을 수 있어 편하고 만만하다. 프랑스의 부르주아들은 그들이 좋아하는 차별을 '박애'로 세련되고 능숙하게 포장한다. 나는 교양과 박애로 무장한 프랑스 부르주아의 노련함에 비위가 상하지만 딱히 꼬투리를 잡아 비난할 만한 것이 없어 마음이 불편하다.

에두아르가 1980년대 미테랑 정권 때 샀을 법한 주름 잡힌 바지를 입고 구멍이 숭숭 난 비닐봉지를 아무렇지도 않게 들고 다닐 수 있는 것 또한 내면 깊숙이 자리한 우월감 때문일지 모른다. 아무리 거지꼴을 하고 다녀도 아무에게도 무시당하지 않을 수 있다는 자신감, 깨끗하고 반듯한 사람들과 어울리기 위해 스스로를 정비해야 할 이유가 없는 부르주아적 발상에서 오는 것은 아닐까? 자꾸 꼬아서 생각하게 된다. 내가 왜 이렇게 삐딱선을 타는지 모르겠다.

나처럼 외국 생활이 길었던 작가 요네하라 마리의 글에는 '민족'이나 '내셔널리즘'에 대한 생각이 자주 등장한다. 요네하라 마리의 소설 《프라하의 소녀시대》에 이런 문장이 있다.

추상적인 인류의 일원이라는 건 이 세상에서 단 한 사람도 존재할 수 없어. 모든 사람은 지구상의 구체적인 장소에서 구체적인 시간에 어떤 민족에 속하는 부모에게서 태어나 구체적인 기후조건 아래서 그 나라 언어를 모국어로 삼아 크잖아. 어느 인간에게도 마치 대양의 한 방울처럼 바탕이 되는 문화와 언어가 스며 있어. 또 거기엔 모국의 역사가 얽혀 있고. 그런 것에서 완전히 자유로워진다는 것은 불가능한 일이야. 그런 인간이 있다면 그건 종이

164

쪽처럼 얄팍해 보일 거야.[1]

요네하라 마리는 민족은 같은 문화를 공유함으로써 개인과 떼려야 뗄 수 없는 존재가 된다고 이야기한다. 나는 '민족'이란 '가족'과 같은 것이라고 생각한다. 누구도 스스로 선택할 수 없는 것, 운명적으로 정해지는 불평등함을 받아들여야만 하는 숙명이 바로 민족이고 가족이다. 나는 내게 정해진 나라와 문화와 민족과 가족에게서 완전히 자유로워질 수 없을 것이다. 그래서 나는 지극히 개인적인 프랑스 부르주아 문화에 대한 역겨움이 걱정스럽다. 시댁 식구들과 영원히 동화되기 힘들 것 같고 그러고 싶지도 않을 것 같다. 그렇다면 나는 많이 외로울 것이다. 에두아르 또한 시댁 식구의 일원이니까. 그 모든 것이 스트레스로 다가와 나는 점점 삐딱해지고 안 그래도 더러운 성격이 더더욱 더러워지고 있는 것 같다.

생테티엔 대성당을 견학하는 내내 나는 이런 생각을 하며 시간을 죽였다. 견학이 끝날 무렵 뱅상은 에두아르를 모두에게 소개하며 다음 견학은 그가 정하는 장소로 가자고 제안했다. 모두가 기대에 찬 눈으로 에두아르를 바라봤다. 사실 대성당 견학은 셋째 시숙 뱅상의 깜짝 이벤트가 아니었다. 그들 집

안에서는 일상의 한 부분에 가까웠다. 프랑스에서도 절대 흔하지 않은 그런 집안에서 나고 자랐으니 에두아르가 책에 미쳐 사는 '걸어 다니는 이동서점'이 된 것은 당연한 일인지도 모르겠다.

에두아르가 정한 곳은 기원전 52년 로마공화정 군대와 갈리부족연합군의 전투 현장으로 얼마 전 문을 연 '알레시아전투박물관'[2]이었다. 라틴어로 '갈리아(Gallia)' 또는 프랑스어 '골(Gaule)'로 불리는 곳은 로마제국 멸망 이전까지 현재의 프랑스, 벨기에, 스위스 서부, 라인강 서쪽의 독일을 포함하는 지방을 가리킨다. 그곳에 살았던 여러 부족을 통틀어 율리우스 카이사르는 《갈리아 전기》에서 '갈리(Galli)'라고 불렀다.[3]

2002년 한일 월드컵 때 프랑스 응원단이 경기장에 수탉을 들고 나타나 눈길을 끈 적이 있다. 나는 그때 그들이 왜 평화의 상징인 비둘기도 아니고 돌대가리의 상징인 닭을 들고 설치는지 몰라 의아했다. 프랑스 응원단이 묵는 숙소에서는 닭을 데리고 가도 괜찮다고 했을지 궁금하기도 했다. 알고 보니 라틴어 '갈리'에 '수탉들'이라는 의미가 있기 때문이었다.

프랑스인들은 국제경기가 있는 축구장에 수탉을 데리고

다닐 만큼 자신들의 조상인 갈리에 대한 자부심이 크다. 에두 아르는 프랑스를 엄청 비판하고 못마땅해하지만 사실 그 밑 바탕엔 조국에 대한 애정이 있다. 그가 알레시아전투박물관을 견학 장소로 선택한 것도 갈리에 대한 자부심 때문이었을 것 이다. 박물관으로 향하는 차 안에서 에두아르는 알레시아 전 투에 대해 상세하게 설명해주었다. 그의 설명을 내 식으로 번 역하자면 이렇다.

기원전 58년 지금의 스위스 지역에 거주하던 갈리의 한 부 족인 엘베티는 게르만족의 침입을 받아 서쪽으로 이주해야 할 신세가 된다. 자기들도 침략을 받아 쫓겨났지만 먹고는 살아 야 했기 때문에 엘베티는 비브락트를 중심으로 살고 있던 갈 리의 또 다른 부족 에두이를 약탈한다. 당황한 에두이는 평소 형님 나라로 모시던 로마에 SOS를 치고, 당시 갈리아 총독으 로 있던 능력 만땅 카이사르는 그 요청을 냉큼 받아 에두이를 도와주고 게르만족을 라인강 너머로 쫓아낸다. 박수 칠 때 떠 나는 멋진 모습은 영화 속에서만 존재하는 것인가. 카이사르 는 그 일을 계기로 갈리아에 뭉개고 남아 갈리아 전체를 꿀꺽 하려는 속셈으로 기원전 57년부터 53년에 걸쳐 현재의 벨기에 지역과 프랑스의 아키텐 지역에 살고 있던 갈리 부족의 마을들을 야금야금 점령한다.

　일이 이쯤 되자 로마를 형님으로 모시던 에두이조차 "해도 너무하네, 완전 도둑놈의 시끼들이구먼!" 하면서 카이사르에게 등을 돌리게 된다. 그런 와중에 갈리의 한 부족인 카르누테스가 마침 이탈리아 북부에 머물게 된 카이사르의 부재를 틈타 자신들의 땅인 케나붐에서 잘 먹고 잘살고 있는 로마인들의 재산을 몽땅 빼앗고 마구 죽여버린다. 이 소식은 입소문을 타고 갈리아 전역으로 퍼져나가 로마에 잔뜩 열 받아 있는 모든 갈리 부족의 피를 끓게 만든다.

　이런 상황에서는 어디서나 영웅이 등장하기 마련이다. 바로 갈리의 또 다른 부족인 아르베르니의 족장, 베르킨게토릭스가 짠하고 등장한다. 이십 대 후반의 젊은 베르킨게토릭스는 "뭉쳐야 산다, 뭉쳐서 로마로부터 자유로워지자"라고 작렬하는 카리스마로 호소했고 모든 갈리 부족은 뜨거운 가슴으로 하나가 되어 '갈리부족연합군'이 조직된다. 늘 로마군에게 당하기만 하던 갈리가 드디어 로마군과 맞짱 뜰 수 있게 된 것이다.

　이것이 영화였다면 뜨거운 가슴으로 뭉친 부족연합군의

승리로 피날레를 장식하며 눈물 콧물 다 빼는 감동을 선사했겠지만, 현실은 달랐다. 역시 고기는 먹어본 놈이 먹을 줄 아는 것인가? 부족연합군이 야심가에다 전략가이자 전쟁 베테랑인 카이사르가 이끄는 로마군을 상대하는 것은 역부족이었다. 하지만 워낙 뜨겁게 뭉친 부족연합군이었던지라 게르고비아에서 벌어진 전투에서는 로마군을 살짝 눌러버린다.

베르킨게토릭스는 그 기세를 몰아 로마군과의 전면전을 펼치지만 역시나 쉽지 않았다. 기원전 52년 여름 베르킨게토릭스는 후퇴를 거듭하다가 6만 명의 부족연합군을 이끌고 알레시아로 가서 농성전을 펼치며 모든 갈리 부족을 알레시아로 집결하도록 지시한다. 드디어 같은 해 9월, 로마군과 부족연합군 간의 7여 년의 결전 '알레시아 전투'가 벌어지게 된다. 결과는 로마군의 승리였다.

"에이, 뭐야? 졌어? 그럼 우리가 지금 가는 박물관은 패전 기념 박물관이냐?"

운전 중이던 에두아르가 나를 살짝 흘겨보더니 말했다.

"내 가방에서 《갈리아 전기》 꺼내서 7부 89번 소리내서 읽어!"

예전에 외할머니가 학교 선생과는 절대 결혼하지 말라고 했다. 학교 선생인 막내딸을 둔 외할머니는 "선생들은 학교에서 제자들한테 뭐든 시켜버릇해서 아무한테나 명령조로 시킨다"고 했는데 그 말이 맞았다. 하지만 이미 결혼해버린 걸 어쩌랴. 나는 선생 남편이 시키는 대로 책을 소리내어 읽었다.

"베르킨게토릭스는 회의를 소집했다. 그는 이 전쟁을 자신의 개인적인 이권을 위해서가 아닌 갈리부족연합의 자유를 위해 시작했다고 말했다."

"오케이! 거기까지! 오랜 시간이 지난 후에는 전쟁의 결과보다 그 의의가 더 중요한 거야."

어쩌면 외할머니는 막내딸이 맨날 뭔가를 시켜서 못마땅했던 게 아니라 가르치는 듯한 말투가 재수 없었는지도 모르겠다.

박물관에 들어서는 순간부터 에두아르의 설명은 무척 디테일했다. 부족연합군과 로마군이 서로 어떤 전략을 세워 싸웠는지 상세하게 설명했다. 박물관 전시품도 알레시아 전투의 전략을 설명하는 지도밖에 없었다. 나 같은 방향치는 보기만 해도 뒷골부터 당기는 지도 말이다. 나는 지겨워 환장하겠는 걸 꾹 참으며 애써 흥미로운 척 연기까지 했다. 만약 내가 한국의 3·1 운동이 어떻게 전개되었는지 열심히 설명하고 있는데 에두아르가 하품이나 하며 멍때리고 앉았다면 무척 기분이 나쁠 것 같았기 때문이다.

대체 이 지도는 언제까지 들여다보는 척해야 하나 생각하고 있는데, 에두아르가 박물관 중앙의 넓은 공간에서 잠시 걸음을 멈추고 카이사르의 《갈리아 전기》 한 부분을 발췌해 읽었다.

항복을 말하는 자는 이 회의에 참가할 자격도 우리의 시민이 될 자격도 없다. 나는 이 상황을 극복할 탈출구를 찾는 이들에게 말하고 싶다. 내 의견은 너희 모두 알고 있듯이 우리의 오랜 가치의 자취를 간직하자는 것이다. 잠시의 배고픔을 견뎌내지 못하는 것은 나약함이다. 그것은 용기가 아니다. 사람은 인내심을 가지고 고통을 견디는 것보다 죽음 앞에 서는 것을 더 쉽게 받아들인다. (중략) 지금 항복을 논하는 자들은 우리의 지원군이 약속했던 날짜에 도착하지 않았다고 해서 그들의 신념과 굳건함을 의심하는 것인가? 그것이 아니라면 대체 무엇인가![4]

'사람은 고통을 견디는 것보다 죽음을 더 쉽게 받아들인다'
는 말이 깊은 여운으로 남았다.

박물관 견학을 마치고 나와 면적이 70제곱킬로미터나 된
다는 박물관 앞 공원을 걸으면서도 에두아르의 강의는 계속되
었다. 멀리서 나무로 만들어진 망루가 보였다. 알레시아 전투
당시 카이사르의 전략에 따라 만든 망루를 재현한 것이라며
굳이 가까이 가서 보자고 했다. 어차피 짝퉁인데 가까이 가서
보면 뭐하나 싶다가 얼른 마음을 바꿔먹었다. 언젠가 내가 사
는 서촌의 개조된 한옥을 보고 '짝퉁'이라 비웃던 외국인 친구
의 말에 기분이 상했던 것이 기억났기 때문이다. '짝퉁'이라는
단어를 떠올린 스스로가 창피했다.

요네하라 마리의 《프라하의 소녀시대》에는 이런 문장도
있었다.

다른 나라, 다른 문화, 다른 나라 사람을 접하고서야 사람
은 자기를 자기답게 하고, 타인과 다른 것이 무엇인지 알
아보려고 애를 쓴다는 사실. 자신과 관련된 조상, 문화를
키운 자연조건, 그 밖에 다른 여러 가지 것에 갑자기 친근
감을 품게 된다고. 이것은 식욕이나 성욕과도 같은 줄에

세울 만한, 일종의 자기보전 본능이랄까 자기긍정 본능이 아닐까.[5]

프랑스인들은 누가 뭐래도 꿋꿋하게 자신들만의 방식으로 자신들의 문화를 근사하고 돋보이게 만드는 기술자들이다. 별것도 아닌 것 가지고 잘난 척한다 싶을 때도 있지만 스스로가 자기 것을 아끼고 사랑하지 않으면 누가 그것이 소중한지 알겠는가? 자기가 자기를 보전하고 긍정하지 않으면 누가 그렇게 해줄 것인가? 요네하라 마리의 말대로 그것이 '본능'이라면, 본능을 거스르기보다 깨닫는 게 더 중요할 것이다. 사람은 스스로 선택한 것보다 자신, 가족, 민족처럼 자신이 선택하지 않은 것에 더 집착하는 것 같다. 선택하지 않은 것에 대한 강한 집착이 요네하라 마리가 말하는 '본능'이 아닐까? 여러 외국에서 살아온 나는 점점 본능에 충실하게 된 것 같다.

망루 앞에서 에두아르는 나폴레옹 3세의 지시로 제작했다는 6미터가 넘는 베르킨게토릭스의 동상이 보고 싶은 사람이 있느냐고 물었다. 나는 '아니오'라고 말하고 싶은 걸 꾹꾹 참았는데 예상대로 다른 사람들은 모두 좋다고 했다.

알레시아 전투 공원박물관 앞 공원의 망루

그때였다. 일행 중 한 명이었던 노부인이 갑자기 정신을 잃고 쓰러졌다. 너무 단아하고 지적인 외모의 소유자라 도저히 할머니라고 부를 수 없는 그녀가 우리와 정확히 어떤 관계의 사람인지 나는 몰랐다. 경련하던 노부인의 몸은 이내 축 늘어졌고 바지가 소변으로 축축하게 젖었다. 오랜 견학 시간도 제법 따뜻해진 봄 햇살도 그녀에게는 무리였던 것 같다.

우연일지도 모르지만, 나는 프랑스에서 전시회나 오페라 공연을 보러 갈 때마다 거의 매번 쓰러지는 사람을 봤다. 프랑스인들은 아파 죽어도 문화생활을 포기할 수 없는 것일까?

노부인에게는 미안한 말이지만 덕분에 견학은 그쯤에서 마무리되었다. 모두가 돌아간 후 에두아르는 박물관에 다시 들어가자고 했다. 이유는 보나마나 뻔했다. 참새가 방앗간을 그냥 지날 리 없다. 사람들을 인솔하느라 들르지 못한 곳, 박물관 안 서점에 가자는 소리였다.

나는 그가 서점에서 책을 고르는 동안 박물관 중앙 홀에서 한창 공연 중인 연극을 봤다. 연극 제목은 〈알레시아 전투와 베르킨게토릭스〉였다. 나만 빼고 모든 관객이 열 살 이하의 아이들이었다. 서점에서 볼일을 보고 나온 에두아르가 합류해 최연장자 관객의 명예는 면했다. 연극이 끝나자 에두아르는 배우들에게 다가가 말을 걸었다. 자신의 제자들에게도 연극을 보여주고 싶은데 학교에 와서 공연해줄 수 있겠냐고 물었다. 연극배우들과 에두아르는 끝없는 수다 삼매경에 빠져서는 급작스럽게 친해졌다.

그들이 대화를 나누는 동안 나는 배우 소품실에 들어가 소품을 구경하며 베르킨게토릭스가 들었던 방패를 들어보는 영광을 누렸다. 배우들과 급작스럽게 친해진 남편 덕분에 가능한 일이었다. 우리는 박물관에서 나가라는 소리를 들을 때까지 그곳에서 버티다가 쫓겨났다.

박물관에서 나와 숙소로 향하며 에두아르는 우리가 내일 가게 될 곳이 '비브락트 유적지'라고 알려주었다. '비브락트'라면 오전에 알레시아로 향하는 차 안에서 들은 지명이 아닌가? 로마를 형님으로 모시던 에두이가 살던 곳. 엘베티가 자기네가 살던 곳에서 쫓겨나자 쳐들어가서 행패를 부리다가 에두이가 카이사르 형님한테 고자질하는 바람에 로마군한테 된통 당한 곳이 바로 비브락트이다.

뭔 놈의 여행이 매번 수학여행 같은가? 아무 생각 없이 자연을 즐기고 지역 음식을 먹고 쇼핑도 하는 여행, 그런 편안한 여행은 이제 내 사전에는 없는 것인가? 에두아르와 계속 사는 이상 내 여행 사전은 고행 사전이 될지도 모른다는 불길한 예감이 몰려왔다.

비브락트 유적지에서 가까운 글루엉글렌에 있는 숙소에 도착했다. 숙소는 호텔이 아닌 샴브르 도트[6]였다. 나는 호텔보다 샴브르 도트를 훨씬 더 좋아한다. 유럽의 호텔이 가격 대비 시설이 엉망인 것도 있지만, 프랑스 지방마을의 샴브르 도트는 정말 예쁘기 때문이다. 숙소는 무척 마음에 들었다. 집도 예쁘고 정원도 잘 가꾸어져 있었다. 숲속을 연상케 하는 크고 작은 나무들로 둘러싸인 넓지만 아늑한 잔디밭이 특이했다.

우리가 도착하자 집주인이 함박웃음으로 우리를 맞이했다. 사십 대 초반으로 보이는 젊은 여주인은 네덜란드에서 이민 와 이곳에 샴브르 도트를 차렸다는 이야기를 시작으로 에두아르와 끊임없이 이야기를 나누었다. 가뜩이나 잘하지 못하는 프랑스어를 네덜란드 억양으로 들으니 거의 알아들을 수가 없었다.

"나 먼저 방에 들어가 쉴 테니 방 열쇠 달라고 해."

두 사람의 대화가 너무 지루하단 의미로 들릴 것 같아서 그녀가 알아듣지 못하게 이탈리아어로 말했다. 에두아르는 싱긋 웃었다. 이 웃음의 의미는 뭐지? 왠지 느낌이 좋지 않았다.

"우리가 잘 방은 차 안에 있어. 으흐흐."

대체 뭔 소린가 했더니 그 샹브르 도트에서는 캠핑장도 같이 운영하고 있었다. 조금 전에 숲속의 아늑함을 떠올렸던 잔디밭이 바로 캠핑장이었다. 차에 있다는 우리의 방은 텐트를 말하는 것이었다. 언제 나 몰래 텐트까지 챙겼지.

여행을 떠날 때마다 싸 들고 다니는 책더미가 보기 싫어서 나는 출발 전 자동차 트렁크를 절대 확인하지 않는다. 책가방으로 가득한 트렁크를 보면 울화가 치밀기 때문이다. 그가 여행할 때마다 들고 다니는 책의 양은 여행 내내 한숨도 자지 않고 열라 속독해도 절대 읽을 수 없는 양이다. 다 읽지도 못할 게 뻔한데 왜 싸 들고 다니는지 도대체 이해가 되지 않는다.

주인 여자가 다가와 친절하게 말했다.

"욕실과 화장실은 집 안에 있는 걸 사용하면 돼요. 저희 캠핑장이 다른 곳보다 좋은 이유가 바로 그거예요. 욕실과 화장실이 엄청 쾌적하죠!"

그녀가 자신의 샹브르 도트를 자랑하는 건지 나를 위로하는 건지 헷갈렸다. 이 인간은 나하고 한마디 상의도 없이 대체 왜 캠핑을 결정한 것인가?

"누가 캠핑장 예약하래?"

열이 잔뜩 받아 말하는데 눈치 꽝에 분위기 파악 능력 제로인 에두아르는 아무렇지도 않게 대꾸했다.

"내가 오늘 잘 곳이 캠핑장이라고 말 안 했던가? 미안. 깜빡했어."

니가 그렇지. 말해야지 해놓고는 책 읽느라 깜빡했겠지.

"너 캠핑 싫어해? 나는 좋아하는데. 엄청 낭만적이잖아. 나는 너랑 꼭 캠핑을 해보고 싶었어."

이 인간은 나랑 해보고 싶은 게 왜 이리도 많은가? 맨날 흰쌀밥만 먹다가 어쩌다 꽁보리밥 한번 먹으면 별미고 건강식으로 느껴지겠지. 궁궐 같은 집에서 나고 자라 캠핑이 낭만적인가 본데 나는 캠핑을 해보고 싶었던 적이 없어서 내가 캠핑을 싫어하는지도 몰랐다. 이왕 대단한 부르주아 집안의 막내며느리로 살게 된 것, 가끔 비위는 상하더라도 몸이라도 편해야 할게 아닌가?

다음날 아침, 나는 오만 군데가 다 아팠다.

1 요네하라 마리, 이현진 옮김, 《프라하의 소녀시대 嘘つきアーニャの真っ赤な真実》, 마음산책, 2017년

2 알레시아 전투는 기원전에 있었던 일임에도 이 박물관은 2012년이 되어서야 개관했다. 이유는 카이사르가 《갈리아 전기》에 기록한 알레시아의 정확한 위치를 오랜 기간 알지 못했기 때문이다. 1860년 나폴레옹 3세는 이 의문을 해결하기 위해 발굴자금을 제공했다. 그 결과 현재 박물관이 위치한 알리스-생트-렌에서 로마군의 야영 흔적을 발견했고, 나폴레옹 3세는 그 발굴 현장에 거대한 베르킨게토릭스의 동상을 세운다. 2004년 항공고고학 조사단이 알레시아 전투 당시의 포위망 흔적으로 추정되는 것을 발견함으로써 현재 박물관이 위치한 곳에서 알레시아 전투가 벌어졌던 것으로 결론 내리게 되어 박물관을 세우기 시작했다. 아직 학자들 중에는 알레시아 전투 현장이 알리스-생트-렌이 아닌 쥐라산맥의 쇼-데-쿠로트네 부근이라고 주장하는 이들도 있다.

3 갈리가 현재 프랑스인들의 조상이므로 프랑스식 명칭을 사용하는 것이 맞겠지만, 갈리에 대한 기록은 현재까지 카이사르가 쓴 《갈리아 전기》에 의해 전해진 것이 전부라 본문에 사용한 갈리아 지역 및 갈리 부족의 명칭은 모두 라틴어 발음에 기본을 두었다.

4 율리우스 카이사르, 직접 번역, 《갈리아 전기 Commentarii de Bello Gallico》, Garnier Frères, 1964년

5 요네하라 마리, 이현진 옮김, 《프라하의 소녀시대 嘘つきアーニャの真っ赤な真実》, 마음산책, 2017년

6 샴브르 도트(Chambre d'hôtes)는 직역하면 '주인의 방'이다. 일반 가정집의 빈방에 관광객이 머물게 하는 형태의 숙박 시설이다. 영어로는 '베드앤브렉퍼스트(Bed & Breakfast)'라고 부른다.

ITALY

피렌체

책벌레와 함께하면 볼 수 있는 것들

로마는 내가 결혼 직전까지 살던 곳이라 친정처럼 느껴지는 도시다. 동생 부부가 살고 있어 더욱 그렇다. 동생을 보기 위해 가끔 혼자 로마에 가 있을 때도 있다. 결혼 3년 차 여름방학에는 에두아르와 함께 갔다.

제부 파우스토는 에두아르와 성격도 행동거지도 완전 딴판인데 고고학에 관심이 많다는 유일한 공통점이 있다. 파우스토의 어릴 적 꿈은 고고학자였다. 두 남자는 죽이 맞아 저녁 시간 내내 에트루리아 유적에 관한 이야기를 나누더니 다음날 타르퀴니아에 가자고 했다.

"가는 길에 체르베테리에 있는 반디타차 네크로폴리스도 들르자!"

파우스토는 내가 그곳에 다시 가고 싶어 하는 것이 기분 좋은 모양이었다. 자신이 좋아하는 무언가에 누군가가 관심을 보일 때 우리는 더없이 행복해진다.

반디타차 네크로폴리스는 다시 한번 가보고 싶을 만큼 인상적인 곳이었다. 그리스어로 '죽은 자의 도시'란 뜻인 '네크로폴리스'는 말 그대로 '공동묘지'를 가리킨다. 체르베테리의 네크로폴리스는 총면적이 400만 제곱미터나 되는데, 그 안에 기원전 9세기 이탈리아 중북부의 초기 철기문화인 빌라노바 문화 시대에서 기원전 3세기 후기 에트루리아 시대까지의 무덤이 있다. 방문이 가능한 곳은 그중 10만 제곱미터 정도다. 무덤 내부는 산 사람이 살아도 될 만큼 넓고 벽화와 부조 장식으로 화려하게 꾸며져 있다.

현대를 사는 우리는 "내가 살아도 사는 게 아니"라는 말을 자주 한다. 에트루리아인은 "내가 죽어도 죽는 게 아니"라고 말하지 않았을까? 사후에도 무덤 안에서 계속 살아간다고 믿은 그들은 생활에 불편함이 없도록 무덤을 근사하게 꾸몄다.

체르베테리의 반디타차 네크로폴리스 내부

살아도 사는 게 아닌 현대인보다 죽어도 죽는 게 아니었던 에
트루리아인은 살아 있는 동안 지금의 우리보다 더 여유롭고
즐거웠을 것 같다. 에트루리아인들의 생각대로 아직 그곳에
누군가 생활하고 있을지 몰라 살짝 무섭고, 진짜로 누군가 생
활하고 있다면 주거침입이라는 무례함을 저지르는 꼴이 되지
만, 그곳에 한번 가보면 내가 왜 자꾸 그 무덤 안으로 기어들어
가려 하는지 이해할 수 있을 것이다.

　이른 오후 타르퀴니아의 국립고고학박물관에 도착했다.
기원전 8세기경 이탈리아로 이주해 정착한 에트루리아인들은
이탈리아 중부지방에 12개의 도시국가[1]를 건설해 살았다고
한다. 같은 언어와 종교를 가지고 바다 건너 낯선 땅에 정착한
그들이 왜 도시국가를 12개나 만들어 따로 살았을까 얼핏 이
해되지 않지만, 기원전 1세기경 로마에 완전병합되기 전까지
그들은 서로 싸우지도 않고 사이좋게 떨어져 살았다. 영리하
고 세련되었던 에트루리아인들은 친할수록 어느 정도 거리를
두는 것이 좋은 관계를 유지하는 비결이라는 것을 알았는지도
모르겠다.
　타르퀴니아는 그 12개 도시국가 중 한 곳이다. 그래서인지

186

작은 시골 마을에 있는 박물관인데도 규모가 제법 크고 전시품 또한 고고학적 가치가 상당한 것들이었다. 거리에 인적도 별로 없는 작은 마을에 그렇게 훌륭한 박물관이 세워진 것은 타르퀴니아 출신 귀족의 후손들과 브루스키 팔가리 백작 가문의 기부 덕분이다.

기원전의 것들이라면 사족을 못 쓰는 두 남자는 찰떡같이 붙어서 신나게 전시품을 들여다보며 이야기를 나누었다. 정반대 성격의 두 사람이 단 한 가지 공통 관심사만으로 저렇게 다정해질 수 있다니. 나와 에두아르는 과연 어떤 공통 관심사를 가지고 있을까. 결혼하고 시간이 흐를수록 그와 나의 공통점이 많지 않다는 게 신경 쓰였다.

우리는 타르퀴니아 박물관의 상징이라고도 할 수 있는 〈날개 달린 말〉 부조 앞에서 사이좋게 시간을 보낸 후 박물관에서 나왔다. 넷이서 마을을 어슬렁거리다 작은 광장에 천막을 쳐놓고 물건을 파는 사람들을 발견했다.

언제 어디서든 잘못된 것이 있으면 지적질을 해대는 통에 싸움이 잦은 에두아르는 사람들에게 환영받지 못할 때가 많

다. 하지만 작은 시골 마을의 오일장에서 에두아르는 마을 유
지급 대환영을 받는다. 시골장 상인들은 빵구난 비닐봉다리에
책을 담아 들고 반쯤 열린 배낭을 메고 티셔츠 가슴팍에 토마
토소스까지 묻혀서 나타나는 거지 차림의 거지가 아닌 에두아
르에게 엄청 친절하다.

　에두아르를 처음 보는 상인들이 그가 진짜 거지가 아니라
는 것을 어떻게 금방 알아볼까 궁금했던 적도 있다. 이젠 안다.
에두아르 손에 들린 빵구난 비닐봉지 안의 내용물 덕분이다.
상인들의 친절에 기분이 좋아진 에두아르는 그들이 무슨 말을
하든 신봉하며 충동구매를 한다. 요리할 시간도 장소도 없는
여행지에서 과일도 아닌 흙이 잔뜩 묻은 뿌리야채를 오래 저
장할 수 있다는 상인의 말만 믿고 덥석 사버린다. 가내 수공업
으로 제작했다는 이름 모를 나무 열매로 만든 시럽 같은 것도
산다. 참고로 유럽에서는 재래시장이라고 해서 더 저렴하고
그런 거 없다.

　타르퀴니아의 시장 상인도 에두아르가 '봉'이라는 걸 금방
알아봤다. 에두아르의 행색은 국제적으로 먹히는 글로벌 패션
인 듯하다. 상인은 프랑스 억양의 문어체 이탈리아어를 구사
하는 비닐봉다리 패션리더 에두아르에게 완전 호감을 보였다.

상인이 파는 물건도 에트루리아인들이 사용했다는 화장품으로 그가 홀딱 넘어갈 만한 물건이었다.

"필요한 거 없어? 골라봐. 다 사줄게!"

에두아르는 신이 나서 말했다. 수완 좋은 이탈리아 상인은 더 신이 났다. 에트루리아인들이 사용했던 허브 오일과 향료를 넣어 자신의 친구가 직접 만든 백 퍼센트 핸드메이드 천연 제품이라며 자랑을 늘어놓았다.

에트루리아인들이 남긴 벽화를 보면 그들이 색조 화장을 했다는 건 확실하다. 하지만 상인이 파는 건 벽화로는 알 수 없는 기초화장품과 향수들이었다. 에트루리아인들이 향수와 기초화장품을 어떻게 만들어 썼다는 기록을 과연 남기긴 했을까? 남겼다 해도 상인의 친구가 그걸 어떻게 해독했을까? 에트루리아인의 언어는 아직 학자들도 해독하지 못했는데.

메이크업 아티스트인 내 동생은 옆에서 '사지 마라, 사지 마라, 그거 바르면 피부 썩는다'라고 강력한 텔레파시를 보냈다. 눈치 꽝인 에두아르는 진열된 화장품들을 마구 주물럭댔다. 그렇게 만져대면 안 살 수 없잖니, 인간아! 결국 핸드크림과 보디로션을 샀다. 에트루리아인의 핸드크림이라…. 기원전에 살았던 그들이 과연 핸드케어까지 했을까? 진심으로 궁금했다.

　상인 몰래 째려보는 나를 향해 에두아르는 수업시간에 제자들에게 체험하게 해주면 아이들이 좋아할 거라며 콧구멍을 벌렁벌렁했다.

　다음날 늦은 오후 피렌체에 도착했다. 피렌체는 결혼 전에도 여러 번 가봤지만 에두아르와 함께 간 것은 처음이었다. 유명세에 비해 작은 도시지만 도시 전체가 볼거리로 빼곡한 곳, 15세기 르네상스 운동이 시작된 피렌체에 에두아르 선생과 함께 왔으니, 내 눈과 귀와 발은 이박삼일 동안 잠시도 쉴 틈이 없겠다 싶었다. 그래도 피렌체니까 괜찮았다. 방문 횟수를 거듭할수록 더욱 매력적으로 다가오는 도시가 있다. 로마와 피렌체가 바로 그런 곳이다.

　피렌체 여행의 시작은 당연히 피렌체의 상징인 두오모[2]였다. '꽃의 성모 마리아'라는 뜻의 산타마리아델피오레 대성당은 초록색과 분홍색의 대리석을 교차로 배열해 장식한 외관이 무척 인상적이다. 처음 그 성당을 봤을 때 나는 이탈리아어를 전혀 하지 못했다. 성당 이름에 '꽃'이 들어가는 걸 모르고

봤을 때는 외벽이 마치 무지개떡처럼 보여 《헨젤과 그레텔》에 나오는 과자로 만든 집을 떠올렸다. 나중에는 아무리 노력해도 꽃밖에 떠오르지 않았다. 언어의 고정화 작용은 우리의 상상력을 방해하기도 한다.

에두아르는 늘 그렇듯 성당에 들어가기 전부터 성당의 사방을 돌며 건축양식과 조각상들에 대해 설명하느라 바빴다. 나는 그의 설명을 건성으로 들으며 이젠 더 이상 무지개떡으로 보이지 않는 성당 외벽 앞에서 '알고 보는 것과 모르고 보는 것의 차이'에 대해 생각했다. 사람들은 흔히 알아야만 보인다고 생각하지만 의외로 몰라야 보이는 것들도 많다. 그것은 마치 이성과 감성의 차이와 비슷하다. 알고 보면 더 많이 볼 수 있어 지식이 늘어난다. 모르고 보면 자유롭게 상상할 수 있어 자신만의 시선으로 남들은 보지 못하는 것을 발견할 수도 있다. 에두아르와 함께한 피렌체 여행에서는 적어도 알아야 보이는 것만큼은 제대로 볼 수 있으리라 기대했다.

"지금 제대로 보고 있는 거 맞아? 너 또 엉뚱한 데 보고 있지? 이쪽, 이쪽이잖아!"

또 시작이군. 내가 망원경으로 뭔가를 보고 있을 때마다 듣

피렌체의 두오모

는 소리였다.

대성당의 돔 건축을 맡았던 브루넬레스키는 돔 내부를 금빛 모자이크로 장식할 계획이었는데, 1446년 그가 죽는 바람에 계획이 무산되어 한동안 아무 그림도 없이 흰색으로 남았었다. 현재의 '최후의 심판'을 주제로 한 프레스코화는 조르지오 바사리와 페데리코 추카리가 1568년부터 9년에 걸쳐 완성한 작품이다.

에두아르는 그중 '묵시록의 장로들' 부분, 라틴어 'IVDAS(유다)'라고 표기된 근처를 보라며 잔소리한 것이었다. 기독교 신자도 아니고 종교화를 좋아하지도 않는 나는 아무리 유명한 성당의 프레스코화라 해도 그림의 디테일한 부분까지 꼼꼼히 들여다볼 생각은 없었다. 이탈리아에 있는 모든 성당의 돔과 천장에 그려진 프레스코화를 하나하나 오래 들여다보다가는 목디스크에 걸릴 수 있으며, 만약 망원경까지 사용해서 본다면 한쪽 눈알에 문제가 생겨 한동안 눈에 뵈는 게 없는 가성근시가 올 수도 있다. 진짜로.

몇 번을 봐도 입이 떡 벌어지는 대성당 앞 세례당의 '천국의 문' 앞에는 여전히 사람들로 북적였다. 보통 금으로 떡칠을 하면 촌스러울 수 있는데 그 문의 금빛은 미켈란젤로의 말대로 천국을 연상하게 한다. '천국의 문'은 1966년 피렌체에 큰 홍수가 나서 손상을 입은 적이 있었다. 복원을 마친 원작은 대성당 옆에 있는 두오모 오페라박물관에 보관되어 있다. 성당 앞에서 바로 볼 수 있는 '천국의 문'은 복사품이라 사람들 손을 많이 탄 모양이었다. 처음 그 문을 본 1999년에는 없었던 펜스가 처져 있어 감상을 방해했다.

피렌체에 도착한 시간도 늦었지만 두오모에서 너무 많은 시간을 보내는 바람에 박물관들은 이미 문 닫을 시간이었다. 우리는 관광객이 많은 곳을 피해 피렌체의 고색창연한 뒷골목을 걷기로 했다. 평소 걸음이 빠른 에두아르는 그날따라 교통사고 난 거북이처럼 걸었다. 건물 외벽의 현판들을 하나하나 들여다보느라 그런 것이었다.

"주영! 주영! 여기가 카를로 콜로디가 태어난 집이래!"

카를로 콜로디는 《피노키오의 모험》을 쓴 이탈리아 동화작가이다. 피노키오는 알아도 그 작가가 이탈리아 피렌체 출신인 건 모르는 사람이 더 많다. 피렌체 기념품 상가에 피노키

오 목각인형이 많은 이유도 카를로 콜로디 때문이다. 그런데
도 사람들은 '단테의 집'에만 관심을 보인다. 단테의 명성이 워
낙 높다 보니 당연한 것이겠지만, 신기하기도 하다. 지구 안에
단테의 《신곡》을 읽고 이해한 사람이 몇 명이나 될까? 반대로
지구 안에 '피노키오'를 모르는 사람은 몇 명이나 될까? 사람
들이 단테는 알고 콜로디는 모르는 게 신기하다.

15세기 르네상스의 중심이자 상징인 피렌체는 도시 전체
가 박물관 같은 곳이다. 콜로디의 생가까지 박물관으로 만들
여력이 없었는지도 모르지만, 어릴 적 가장 좋아했던 동화를
쓴 작가의 집을 밖에서만 봐야 하는 것이 아쉬웠다.

처음 피렌체에 왔을 때 《피노키오의 모험》 초판본에 삽입
된 엔리코 마잔티가 그린 피노키오를 형상화한 나무인형을 보
고 이질감을 느꼈었다. 월트 디즈니의 피노키오 캐릭터에 익
숙한 나는 솔직히 마잔티가 그린 피노키오 생김새가 밉상으로
보였다. 내 말을 들은 에두아르는 "월트 디즈니가 마잔티의 피
노키오를 밉상으로 보이게 했다면 월트 디즈니는 나쁜 놈이
네"라는 웃기지도 않는 소리를 농담이라며 했다.

발길을 옮기던 에두아르가 또 다른 건물 앞에서 기웃거렸
다. 피렌체대학 앞이었다. 그때부터 에두아르의 광기 어린 강

의가 시작되었다. 피렌체대학은 14세기 유럽 최초로 고대 그리스어 강좌를 개설한 곳이라고 한다. 고대 그리스어와 사랑에 빠진 에두아르는 터져나오는 설명 본능을 멈추지 못했다. 르네상스 시대 그리스어 학습 붐을 일으키는 데 가장 공로가 컸다는 신학자이자 인문 학자 베사리온 추기경의 이야기를 시작으로 바젤, 페라라, 피렌체 공의회의 전후 상황까지 모조리 설명하느라 정신이 없었다. 나는 그의 정신없는 강의를 계속 듣다가는 정신이 나갈 것 같았다.

이튿날 아침 우리는 서둘러 갈레리아 델 아카데미아로 향했다. 갈레리아 델 아카데미아는 1563년 코시모 1세 데 메디치가 설립한 유럽 최초의 드로잉, 회화, 조각 예술 학교이다. 아침 일찍 가면 관광객들이 별로 없을 줄 알았는데 미켈란젤로의 '다비드상' 원작을 볼 수 있는 그곳은 그렇지도 않았다. 입장할 때 줄 서는 것으로도 모자라 내부 복도에서도 다비드상을 가까이에서 보기 위해 줄 서서 기다려야 했다.

사람들 소리로 웅성대는 긴 복도에서 에두아르는 피렌체를 세계적인 예술의 도시로 만든 주인공이라고 해도 과언이 아닌 '메디치 가문'에 대해 끊임없이 설명하다가 '코시모 1세

갈레리아 델 아카데미아에서 미켈란젤로의 다비드상 원작을 보려는
사람들이 줄을 서 있다.

데 메디치'에 대해서는 아예 책을 펴서 큰소리로 읽어주었다.

그곳에서 나와 산티시마 안눈치아타 광장에서도 에두아르는 계속해서 책을 소리내어 읽어주었다. 광장에는 17세기 초 이탈리아 조각가 잠볼로냐와 그의 제자 피에트로 타카가 제작한 '말을 탄 페르디난도 1세 데 메디치 동상'이 있다. 페르디난도 1세는 코시모 1세의 아들이다. 피렌체에는 걸음걸음 에두아르가 강의하고 싶어 미치게 만드는 곳투성이였다.

저녁이 되어 기진맥진해진 우리는 베키오 다리 위에서 피렌체를 가로지르는 아르노강을 내려다봤다. '베키오'는 '늙은, 오래된'이란 의미이다. 이름 그대로 피렌체에서 가장 오래된 다리 위에서 에두아르는 계속해서 메디치 가문에 관해 이야기했다.

14세기경 베키오 다리에는 양옆으로 가축 처리장과 정육점들이 들어서서 악취가 진동하는 곳이었다. 1594년에 상가들을 재정비하면서 금세공업자와 보석상들이 들어서게 되었다. 이는 우리가 오전에 산티시마 안눈치아타 광장에서 봤던 페르디난도 1세 데 메디치의 아이디어였다.

베키오 다리는 내가 피렌체에서 가장 좋아하는 곳 가운데

하나이다. 밤이 되어 다리에 등이 켜지면 마치 중세시대의 어느 밤을 걷는 듯 신기하고 낭만적이라 좋다. 에두아르와는 처음 걷는 다리 위에서 나는 낭만은 둘째치고 그냥 너무너무 피곤했다. 그의 강의는 뫼비우스의 띠처럼 끝이 없었다. 지치지도 않는 그의 옆에서 나는 지쳐서 나가떨어졌다. 그만 호텔로 돌아가기로 했다.

다리를 건너 오른쪽으로 코너를 돌자 바로 피아자델페세의 아케이드와 연결되었다. 아케이드 입구 현판에는 단테의 《신곡》 천국 편 제16곡, 145행에서 147행까지의 문장이 새겨져 있었다. 에두아르는 그 문장도 소리내어 읽었다. 강의 주제를 메디치 가문에서 단테의 《신곡》으로 갈아탈 태세였다. 나는 그 문장을 전혀 이해하지 못했지만 정신을 똑바로 차려 아무 질문도 하지 않았다.

나는 얼른 푸치니의 오페라 〈잔니 스키키〉의 유명한 아리아 '나의 사랑하는 아버지'를 흥얼거렸다. 그 아리아에는 '결혼을 허락하지 않으면 베키오 다리에 가서 아르노강에 뛰어들 거'라는 가사가 나온다. 나는 '너가 계속 떠들면 아르노강에 뛰어들어 확 죽어버릴 거'라는 의미로 그 곡을 불렀는데, 응

베키오 다리 photo by 강진희

용력이 부족한 에두아르는 그저 좋아라 하는 표정으로 노래를 따라불렀다. 암튼 그의 관심을 단테의 《신곡》에서 떼어내는 데는 성공했다.

피렌체에서의 마지막 날 아침 우리는 미켈란젤로 광장이 있는 언덕으로 올라가 산미니아토알몬테 수도원을 방문한 후에 그림 같은 피렌체의 전경을 감상했다. 피렌체에서는 알아야 보이는 것을 볼 수 있겠다고 기대했는데, 굳이 알고 싶지 않은 것까지 죄다 봤다. 덕분에 내 발바닥은 불이 났고 눈알은 빠지는 줄 알았으며 귓구멍은 에두아르의 음성으로 헐어버렸다.

다음 여행지는 키우시델라베르나였다. 렌터카로 이동할 거라서 가는 길에 카말돌리에 들르자고 했다. 나의 관심은 오로지 카말돌리 수도원의 유명한 수분크림이었지만, 에두아르에게는 카센티노 숲도 걷고 싶고 수도원도 방문하고 싶다고 뻥쳤다. 그곳의 수분크림이 한국에서 얼마나 유명한지 모르는 에두아르는 내가 갑자기 수도원을 방문하고 싶다는 게 조금 의아한 모양이었다. 그래도 워낙 눈치 없는 분이라 다른 의심을 하진 않았다.

꺼벙이 남편과 사는 유일한 장점이 바로 이런 것이다. 그를 속이는 건 '누워서 식은 죽 먹기'다. 다만 밖에서도 속고 다니기 때문에 대형사고를 방지하려면 늘 내가 지켜봐야 한다는 것이 문제다. 세상에는 인간성이 좋지 않은 사람들이 꽤 많다. 그들로부터 꺼벙이를 지켜내야 하니 보통 성가신 게 아니다. 그런 나의 정신적 노동비를 생각해서라도 수분크림을 뜯어내야 했다.

나는 카센티노 숲의 가파른 경사길을 즐겁게 걷는 듯 연기했는데, 카말돌리 수도원 교회에서 우연히 발견한 조르지오 바사리의 작품 덕분에 에두아르를 정말이지 감쪽같이 속일 수 있었다.

"바사리 작품이 보고 싶었던 거였구나!"

에두아르가 고개를 끄덕이며 말했다. 사람은 자기 방식대로 모든 것을 해석하고 받아들이는 법이다. 순간 피렌체 두오모의 돔 내부 장식을 바사리가 그렸다는 것이 그렇게 고마울 수가 없었다. 연장 학습을 원하는 모범적인 학생의 모습이 얼어걸렸다. 나는 양심에 가시가 돋아 또다시 거짓말을 했다.

"너도 알다시피 바사리는 그가 그린 그림보다 그가 르네상스 예술가에 대해 쓴 책으로 더 유명하잖아? 그는 분명 화가로

미켈란젤로 광장 언덕에서 본 피렌체 전경

더 기억되고 싶었을 텐데. 저 멀리 아시아에서 태어난 사람이 일부러 그의 작품을 보러 여기까지 온 사실을 바사리가 알게 된다면 얼마나 기분 좋겠어?"

분명 거짓말인데 말을 하면서 스스로도 그렇게 믿게 되는 건 뭔가 싶었다. 에두아르는 나의 말을 진지하게 들으며 바사리의 작품을 더 열심히 들여다보았다.

드디어 수도원 옆 약국에 도착했다. 16세기부터 전해 내려오는 근사한 호두나무 가구로 장식된 부티가 철철 나는 약국에서 판매하는 수분크림을 보자 에두아르는 내게 지름신이 내릴까 초조한 눈치였다. 그럴 땐 나만의 대처 노하우가 있다. 옛날 유명했던 사람들 이름과 중세시대 이야기를 마구 섞어 꺼벙이를 교란하면 된다.

"이 화장품들은 이곳 수도원의 '갈레노스 실험실'에서 만든 거야. 고대 그리스의 그 유명한 명의! 의사이자 철학자이신 갈레노스! 이곳은 그 사람 이름을 건 실험실에서 만든 약품 같은 화장품을 파는 곳이야. 너도 알다시피 중세시대의 수도원은 병원과 요양소 역할도 했었잖아. 시장 상인의 친구가 집에서 만든 에트루리아 화장품보다 훨씬 과학적으로 만들어진 제품이라고 할 수 있지!"

괜한 소리를 했나? 에두아르는 내가 카말돌리에 관심을 보인 진짜 이유를 알아차린 듯했다. 눈을 가늘게 떠서 나를 흘겨보더니 씩 웃었다. 완전 꺼벙이는 아닌 것 같아 다행이다 싶었다.

크림을 사 들고 나와서는 마침 운 좋게도 가이드를 동반한 단체 관광객이 있어 그 속에 은근슬쩍 잠입해 수도승들이 은둔 생활을 하는 암자 옆 교회와 순례자들이 머무는 게스트하우스, 일부 개방된 수도승들의 생활 공간을 가이드의 설명과 함께 볼 수 있었다. 일반인에게 공개되지 않는 암자가 있는 작은 공동체 마을은 철창처럼 생긴 문 건너편에서 훔쳐보듯 보았는데 분위기가 정말 성스러웠다. 그 암자에서 아홉 명의 수도승들이 묵언수행 중이라고 했다. 피렌체에서부터 헐었던 귓구멍에 '묵언수행'이라는 단어가 들어오자 에두아르를 그곳에 처넣고 싶었다.

카말돌리에서 예정보다 많은 시간을 보낸 우리는 서둘러 키우시델라베르나로 향했다. 키우시델라베르나는 성 프란체스코가 오상五傷[3]의 기적을 겪은 성지이다. 바티칸시국이 있어 세상 어느 곳보다 가톨릭적인 나라 이탈리아에 사는 동안 나는 수많은 전설과 기적 같은 이야기들을 들었다. 무신론자인 나는 그런 말도 안 되는 비과학적인 판타지 이야기를 이탈리아 친구들이 들려줄 때마다 "그랬다니 그랬다 치는데, 설마 그 말을 정말 믿는 건 아니지?" 되묻곤 했다. 성 프란체스코가 태어난 곳 아시시에 다녀오기 전까지는 그랬다.

성 프란체스코는 기도하고 회개하며 이웃을 돌보고 착하게 살다가 어느 날 초능력자가 된 동화 같은 이야기의 주인공이다. 몇 번의 환시를 경험했으며 동물들과도 소통할 수 있었다. 구비오라는 마을에서는 횡포를 부리던 늑대를 설득해 마을 주민들과 화해시키는 초능력을 발휘했고, 키우시 델라 베르나에서는 성흔을 받는 초자연적인 현상까지 겪었다. 나는 원래 그런 뜬구름 잡는 이야기를 전혀 믿지 않는 사람이지만, 프란체스코 성인의 이야기만은 다르다. 그가 평생을 바쳐 행한 진심 어린 선행에 진심으로 감동했다. 진심 어린 선행만큼 감동적인 게 또 있을까? 아무 생각 없이 동생 부부를 따라갔던 아시시에서 성 프란체스코의 삶에 관해 자세히 알게 된 후 나는 성인이 기적을 보여주신 구비오에도 다녀왔다.

카센티노숲 국립공원 내에 있는 키우시델라베르나의 라베

라베르나 성지의 거대한 십자가

르나 성지는 입구부터 엄숙한 공기가 흘렀다. 어디에 가든 역사 이야기를 하느라 정신없이 떠드는 에두아르도 말이 없었다. 독실한 크리스천 집안에서 태어난 에두아르는 가족들 가운데 가장 크리스천답지 않다. 또 유독 의사가 많은 집안에서 태어나서인지 과학적으로 증명된 사실이 아니면 믿으려 들지 않지만, 그도 나처럼 성 프란체스코의 동화 같은 이야기는 믿는 듯했다. 성인의 선행 때문일 것이다.

우리는 길었던 여름 햇살이 붉은 노을로 변할 때까지 성인이 기도하고 쉬었던 곳에서 조용하고 경건한 시간을 보냈다. 성인의 은총으로 헐었던 내 귓구멍도 치유되었다.

1　에트루리아인들이 세운 12개의 도시국가는 현 이탈리아 지명으로 다음과 같다. 아레초(Arezzo), 체르베테리(Cerveteri), 키우시(Chiusi), 오르비에토(Orvieto), 포풀로니아(Populonia), 로젤레(Roselle), 타르퀴니아(Tarquinia), 베이오(Veio), 베툴로니아(Vetulonia), 페루지아(Perugia), 볼테라(Volterra), 불치(Vulci).

2　두오모(duomo)는 우리가 '돔(dome)'이라고 부르는 반구형의 둥근 천장을 의미하는 단어인데 대성당을 의미하는 말로 바뀌어 돔이 없는 성당도 두오모라 불린다. 대부분 한 도시를 대표하는 특정 대성당을 두오모라고 부른다.

3　오상(五傷)은 예수가 십자가에 못 박힐 때 입었던 다섯 상처를 가리킨다. 이 오상이 성인들의 몸에 그대로 나타나는 초자연적인 현상을 '성흔'이라고 한다. 성흔은 고대 그리스어와 라틴어로는 '스티그마타(stigmata)'라고 한다.

카말돌리 공동체마을

ITALY

우르비노

정의의 사도여, 내가 지켜줄게

로마에서 출발해 타르퀴니아, 피렌체, 카말돌리를 거쳐 성지 키우시델라베르나까지 이어진 여행의 주요 목적지는 우르비노였다. 이튿날 우르비노로 출발하려는데 에두아르가 산세폴크로를 거쳐서 가자고 했다. 산세폴크로는 르네상스를 대표하는 화가 피에로 델라 프란체스카가 태어난 곳이자 그의 프레스코화 〈그리스도의 부활〉을 볼 수 있는 곳이다. 알베르 카뮈는 그의 짤막한 에세이 〈결혼〉에서 〈그리스도의 부활〉에 대해 너무도 카뮈답게 표현하고 있다.

피에로 델라 프란체스카의 〈그리스도의 부활〉 속 무덤에서 나오는 그리스도는 사람으로 느껴지지 않는다. 그림 속 그의 얼굴에는 행복함이라고는 찾아볼 수 없다. 오직 살아야 한다는 결의만을 지닌 영혼 없는 거친 웅장함만이 있다. 지혜로운 사람은 어리석은 사람과 마찬가지로 적게 표현하기 때문이다.[1]

우리는 피에로 델라 프란체스카의 생가부터 찾았다. 그는 화가로 알려졌지만 내가 보기에는 그림을 엄청 잘 그리는 수학자이자 기하학자였던 것 같다. 그림을 아주 잘 그렸으니 기하학에 천재성을 보인 화가라고도 할 수 있겠다.

생가와 연결된 동명의 박물관에서는 완벽한 멀티미디어 시스템으로 피에로 델라 프란체스카가 자신의 그림에 적용한 투시도법, 원근법, 오정다면체론 그리고 직접 연구했다는 '헤론의 공식'[2]에 대한 3차원적 유사체를 이끌어낸 사면체 부피에 대한 공식을 설명하고 있는데, 무슨 소린지 전혀 알아듣지 못했다. '헤론의 공식'이란 말도 난생처음 들어보는 것이었다.

에두아르는 고대 그리스의 수학자 '헤론'은 알고 있지만, 그의 이름을 딴 공식은 몰랐다면서 인터넷으로 열심히 설명을

피에로 델라 프란체스카 〈그리스도의 부활〉

찾아보더니 '아하!' 소리쳤다. 그 공식을 이해한 모양인데 제발 나한테 설명하지 않았으면 싶어 선수를 쳤다.

"나 그런 거 몰라도 그림 그릴 수 있어."

"알면 더 잘 그릴 수 있지 않을까? 너 지금 그리고 있는 건물 그림, 원근감 표현이 어렵다고 투덜댔잖아."

"응. 그래서 다시는 그런 그림 안 그리려고. 그 공식 설명 안 해줘도 돼."

아무리 생각해도 우린 너무 다르다. 모르는 것을 알고 싶어하지 않고 어렵다고 투덜대면서 연습할 생각을 하지 않는 내가 에두아르는 이해되지 않는 듯하다. 나는 에두아르가 모르던 것들에 대해 어찌 그리 다 알고 싶어 하는지 이해되지 않는다. 연습한다고 될 것 같지도 않은 것을 꾸역꾸역하면서 몸과 마음을 망가뜨리는 것보다 과감히 포기하는 것도 나쁘지 않다고 생각한다. 나도 예전에는 그렇지 않았던 것 같은데 어느 순간부터 이렇게 되어버렸다. 내 상태가 좋아진 건지 나빠진 건지 모르겠다.

화가의 생가에서 나와서는 곧장 산세폴크로 시립미술관으로 향했다. 〈그리스도의 부활〉을 보기 위해서였다. 수많은 예술가가 극찬을 아끼지 않은 그 작품은 2차 세계대전 때 마을을 구해낸 작품으로도 유명하다.

2차 세계대전 당시 영국의 포병 장교였던 토니 클라크는 산세폴크로를 포격하라는 상부의 명령을 무시해버렸다. 이유는 영국 작가 올더스 헉슬리가 여행수필 《길을 따라》[3]에서 〈그리스도의 부활〉은 '세계에서 가장 아름다운 그림'이라고 칭송했기 때문이었다. 클라크 장교는 그 그림을 실제로 본 적은 없었지만, 헉슬리가 세계에서 가장 아름다운 그림이 있는 마을이라고 한 곳을 차마 박살 낼 수 없었다. 훌륭한 그림을 그린 화가 피에로 델라 프란체스카도, 독자에게 그토록 신뢰받았던 작가 헉슬리도 대단하지만, 세상에서 가장 아름다운 그림을 지켜야 한다는 클라크 장교의 마음도 너무나 아름답다. 아름다운 것을 창조하고 칭송하고 보호한 세 사람의 순수함은 많은 이에게 아름다운 명화를 감상할 기회를 주었다. 실제로 본 〈그리스도의 부활〉은 개인적 취향에 맞는 그림은 아니었지만, 객관적으로 본다면 완벽하게 아름다운 그림이었다.

산세폴크로를 떠나 산마리노 공화국에 들러 우르비노에 도착하자 이미 늦은 저녁이었다. 우리는 포카치아의 일종인 우르비노 전통 빵 '크레시아 스폴리아타'를 곁들인 식사를 하

photo by 에두아르

며 남은 여행 일정에 관해 이야기했다.

　이탈리아 중부지방의 여름 햇살은 아침부터 독기를 품고 덤빈다. 로마의 여름은 하루에도 열두 번씩 구급차 사이렌 소리로 채워진다. 북유럽에서 온 새하얀 관광객들이 로마 햇살의 뜨거운 맛을 모르고 마구 돌아다니다 길바닥에서 쓰러지는 경우가 허다하기 때문이다. 효도관광이라며 부모님을 한여름에 로마로 보내는 것은 불효자가 되는 지름길이다. 특히 경사길이 많은 우르비노 같은 곳에서는 여름 햇살 아래 겁 없이 걸어 다니면 안 된다. 모처럼 여행 가서 호텔에서만 지내라는 게 아니다. 박물관이나 성당 안에 들어가면 된다. 이탈리아에 있는 대부분의 박물관은 가성비가 무척 좋다. 그래서 프랑스에 여행 온 이탈리아 관광객들이 열 받는 것이다.

　이탈리아와 프랑스의 박물관에 다니며 나는 박물관이 그 나라 사람들과 닮았다고 생각했다. 이탈리아인 집에 저녁식사 초대를 받아 갈 때는 점심을 먹지 않는 게 좋다. 남의 집에서 배가 터져 죽을 수도 있다. 이탈리아인들이 일하는 걸 보면 속에서 열불이 나지만, 그들을 미워할 수 없는 결정적 이유는 인심이 너무 좋아서다. 프랑스인의 저녁 초대에는 간단히 뭔가를 먹고 가는 것이 좋다. 안 그러면 집에 돌아와 늦은 밤에 야식이 댕길 수 있다. 나는 프랑스에서 입장료가 5유로 미만인 박물관에는 들어가지 않는다. '싼 게 비지떡'이란 말을 톡톡히 실감하게 된다. 프랑스에서는 입장료가 저렴한 박물관보다 아예 무료인 곳이 훨씬 볼거리도 많고 좋다. 국가나 시청에서 지원하는 무료입장 박물관들은 체면과 박애를 중시하는 프랑스인들과 많이 닮았다.

우르비노에는 '팔라초두칼레'라는 정말 멋진 궁전이 있다. 궁전 안에는 마르케국립미술관이 있어 풍부한 볼거리가 기대되었다. 마을 전체가 '예쁨'으로 넘쳐나는 우르비노 시내는 햇살이 수그러드는 늦은 오후에 천천히 산책하기로 하고 바로 팔라초 두칼레로 향했다.

우르비노는 고대 이탈리아 중남부 지역에서 살던 움브리아족이 세운 작은 도시로 크게 주목받지 못하던 곳이었다. 그랬던 우르비노가 이탈리아 르네상스 운동의 중심 도시로 대우받으며 세계문화유산으로 지정될 수 있었던 것은 어디까지나 15세기에 우르비노를 통치했던 페데리코 다 몬테펠트로 공작

팔라초두칼레 궁전 입구

덕분이다. 페데리코 공작은 전쟁에 나가 싸우면서까지 기를 써서 모은 돈으로 시민과 군사를 돌보고 도서관을 세우는 등 문화사업에 아낌없이 투자하면서 이탈리아 르네상스 운동의 주축이 되어 우르비노의 위상을 대외적으로 높인 인물이다.

피렌체의 우피치미술관에 가면 피에로 델라 프란체스카가 그린 초상화 〈우르비노 공작 부부의 초상화〉를 볼 수 있는데, 그림 속 페데리코 공작의 옆모습은 피부도 까칠하고 코는 완전 못생김주의 매부리코이다. 전쟁에 나가 코가 깨졌기 때문이다. 초상화 속 그가 정면을 보고 있지 않은 이유도 전쟁에서 한쪽 눈을 심하게 다쳐서다. 그렇게 몸을 사리지 않고 번 돈을 그는 우르비노의 발전을 위해 아낌없이 썼다. 정말 멋진 백만장자이자 지도자다. 공작의 절친이었던 화가 피에로 델라 프란체스카는 초상화를 그리는 내내 성한 곳 없는 친구의 얼굴을 들여다보며 얼마나 마음이 아팠을까.

우르비노의 팔라초두칼레는 원래 페데리코 공작의 할아버지가 심플하게 지은 건물이었는데, 페데리코 공작이 야심차게 리모델링한 결과 오늘날 이탈리아에서 가장 아름다운 르네상

피에로 델라 프란체스카, 〈우르비노 공작 부부의 초상화〉,
1467~1472년 ⓒ 퍼블릭 도메인

스풍 궁전이라는 평을 받고 있다. 산세폴크로에서부터 '가장 아름다운'이라는 표현이 남발되는 것 같지만 우르비노의 팔라초두칼레는 정말 대단히 아름다운 건물이다.

페데리코 공작의 취향은 무척 세련되고 고급스러웠던 것 같다. 궁전 내부의 모든 것이 과하지 않고 기품이 넘쳤다. 프랑스인들을 자극할 것 같아 이름을 밝히지는 않지만, 프랑스의 엄청 유명한 한 궁전은 화려함이 도를 지나쳐 돈을 처발랐다는 생각밖에 들지 않는다. 과거 프랑스에서 돈지랄을 가장 많이 한 왕이 지은 그 궁전을 나는 별로 좋아하지 않는다. 나는 지나치게 화려한 것에서 천박함을 느낀다.

궁전에 들어서는 순간부터 기품이 넘치는 아름다움에 감탄하며 벌어지는 입을 다물지 못하고 있는데, 아주 가까운 곳에서 한 남자가 영어로 꽥꽥거리는 소리가 들렸다.

"만지지 마시오! 이건 만지면 안 된다고!"

성추행이라도 당한 것일까? 목소리에 날이 서 있었다. 잠깐, 저 목소리는 내가 잘 아는 남자의 목소리가 아닌가? '만지지 마시오'는 그 남자가 박물관에 갈 때마다 입에 달고 가는 소리고. 또 시작하셨군. 이번엔 'You can't touch this'라니! 지가

MC해머[4]냐?

　나는 얼른 에두아르 옆으로 다가가 무슨 일이냐고 프랑스어로 물었다. 에두아르는 앞에 서 있는 남자를 가리키면서 남자가 궁전 안의 엄청 근사한 나무문 장식을 손으로 만졌다고 프랑스어로 말했다. 그때였다. 앞의 남자가 벨기에 억양의 프랑스어로 소리를 지르기 시작했다.

　"그렇지! 당신 프랑스인이지? 어쩜 이렇게 프랑스인다우실까! 당신은 아주 전형적인 프랑스인이셔! 잘난 척과 오지랖이 하늘을 찌르시지!"

　궁전 안에 있던 모든 사람이 우리를 쳐다봤다. 정말 쪽팔렸다. 하지만 아무리 쪽팔려도 남자에게 한마디 해야겠다 싶었다. 벨기에 남자가 문을 만진 건 이해할 수 있었다. 솔직히 나도 그 문을 보면서 만질 뻔했다. 나무문의 조각은 환상적이었다. 자기도 모르게 손이 갔을 것이다. 너무 아름다운 것들은 이성을 마비시켜 의도치 않은 행동을 하게 만든다. 에두아르에게도 문제가 있었다. 조용하고 정중하게 만지지 말라고 하면 될 것을 그렇게 성질을 내면서 소리를 지르니 상대가 당황할 수밖에. 아무리 그래도 수백 년 전에 만들어진 그 아름다운 문은 만지면 안 되고 그것을 만져서 지적받았으면 조용히 찌그

러져야 한다. 그런데 남자는 뻔뻔스럽게도 에두아르에게 소리
치고 있는 게 아닌가?! 나는 벨기에 남자에게 말했다.

"여기서 프랑스인이 어떻고가 왜 나옵니까? 당신이 잘못
한 건 사실이 아닌가요? 이 문을 만져서는 안 된다는 걸 모르
진 않으셨죠?"

나는 상당히 차분하게 말했지만, 말싸움이 장기전으로 가
는 데 한몫하고 말았다. 벨기에 남자는 아내와 십 대 중반의 아
들 두 명과 함께였는데, 그의 아내는 창피했는지 살짝 뒤로 물
러서고 그와 아들 두 명은 도끼눈을 뜨며 우리를 노려보면서
프랑스인 욕을 해댔다.

결국에 궁전 관계자가 나타나 싸움을 말렸다. 싸울 때는 몰
랐는데 싸움이 끝나고 나니 보통 쪽팔린 게 아니었다. 게다가
나는 생긴 것도 다른 방문객보다 눈에 잘 띄어서 궁전 어디에
가나 사람들이 나를 쳐다봤다. 그 정도는 참을 수 있었다. 어쨌
든 에두아르와 내가 잘못한 것은 없으니까. 문제는 내 튀는 외
모 때문에 벨기에 남자의 아들 두 명이 우리를 쉽게 알아보고
찾아낼 수 있다는 것이었다.

싸움 종료 후에도 두 소년은 눈에 도끼를 달고 주먹을 불

끈 쥔 채 우리 주위를 맴돌았다. 성질 같아서는 "이 호적에 잉크도 안 마른 시끼들아, 그렇게 티껍게 쳐다보고 주먹 쥐고 다니면 어쩔 건데? 니들 내가 완전 개 같은 성격의 소유자라는 거 모르지? 개지랄이 어떤 건지 한 번 보여줘?" 소리 지르고 싶었지만, 그러면 또 주목받을 것 같아 꾹꾹 참았다. 그런데 설상가상으로 에두아르가 옆에서 속이 뒤집히는 소리를 했다.

"우리 궁전 관계자한테 보디가드 붙여달라고 할까?"

싸움을 진정시켰던 궁전 관계자가 우리에게 '감사하다'는 말을 남기고 떠난 것에 힘입어서 하는 소리 같았다. 말 같지도 않은 말도 그렇지만 그의 표정이 더 염장을 질렀다. 겁에 질린 표정이었다. 설마 저 애송이들이 무서운 건가? 어찌 이리 찌질한 표정을 지을 수 있는가? 그렇게 겁이 많으면 사고를 치지나 말든지! 누가 눈곱만큼이라도 잘못하면 사사건건 지적질을 해대서 문제를 크게 만드는 인간이 이 정도 배짱도 없단 말인가?

"너 설마 쟤들이 무섭냐?"

"아니… 그게 아니고 신경 쓰여. 혹시 아냐? 쟤들이 칼이라도 들고 다닐지?"

이 말은 무섭다는 소리잖아! 그래도 어쩌겠는가, 이 찌질이가 내 남편인걸. 겁에 질린 남편을 궁지로 몰아넣을 수는 없는 노릇이었다.

"걱정하지 마. 저것들이 허튼짓하면 내가 현란한 택견 동작으로 기선제압을 할 테니까."

참고로 나는 택견을 한 번도 배운 적이 없다. 내 말이 무척 든든했는지 에두아르는 그때부터 내 팔짱을 끼고 다녔다. 찌질함을 참아내는 것으로도 모자라 더워 죽겠는데 팔짱까지 끼고 다녀야 한다니.

"우리 이러지 말고 그냥 밖에 나가서 점심 먹고 올까?"

한번 떠본 것이었다. 평소라면 몇 시간 더 뽕을 뽑아야 할 에두아르가 순순히 좋다고 했다. 아놔, 참! 또 한 번 속이 터졌다. 궁전 뒤편에 쾌적한 테라스를 갖춘 레스토랑이 있었다. 생각지도 않게 이른 점심을 먹게 된 덕분에 레스토랑 테라스를 우리가 다 차지하는 호사를 누렸다.

좋은 환경에서 천천히 식사를 시작하자 에두아르는 정상으로 돌아오고 나의 짜증도 누그러들었다. 식사를 마치고 커피를 기다리고 있을 때쯤 테라스에 사람들이 몰려들기 시작했다. 그 무리에서 우리는 여섯 개의 도끼눈알을 봤다. 우리는 맛있는 이탈리아 커피를 음미하기는커녕 원샷해버리곤 서둘러

궁전으로 들어갔다. 아니, 도망쳤다. 그렇게 도끼눈들과의 악연이 끝나는 줄 알았다. 하지만 우르비노의 전경을 한눈에 감상할 수 있는 공원 언덕에도 그들이 있었다. 아시아인 관광객이 없는 그곳에서 나를 단번에 알아본 그들은 에두아르를 끊임없이 노려봤다. 정말 징했다. 뒤끝이라면야 나도 만만치 않다. 나도 같이 노려봤다.

"그냥 무시해. 그만 노려봐. 그러다 네 눈 돌아가겠다."

에두아르가 내 눈알을 걱정하며 말렸다. 나는 에두아르가 시키는 대로 눈알 위치를 정상으로 돌린 후 택견 동작을 취하며 말했다.

"이크! 에크! 덤비기만 해봐라! 내가 다 무찔러버릴 테다!"

에두아르가 갑자기 웃음을 터뜨렸다. 나도 웃음이 났다.

우리는 노곤한 오후 햇살 아래 아름다운 우르비노의 전경을 내려다보며 그렇게 한바탕 웃었다.

이튿날엔 우르비노를 떠나기 전에 반드시 들러야 할 곳인 라파엘로 생가에 갔다. 르네상스 미술 역사상 가장 중요한 인물인 라파엘로가 태어난 곳이 바로 우르비노이다. 설마 그곳에서도 벨기에에서 온 도끼눈들을 보게 될 줄이야. 그들은 나를 보자 바로 눈에 도끼를 달았다. 내가 졌다 싶었다. 나의 택견 실력이 뻥이라는 사실을 모르는 에두아르는 그들이 그러든 말든 신경도 쓰지 않으며 라파엘로에 대한 강의에 열을 올렸다. 나는 벨기에 도끼눈들의 뒤끝에 백기를 들고 에두아르의 설명에 집중했다.

---

1   알베르 카뮈, 직접 번역,《결혼·여름 *Noces suivi de L'Été*》, folio, 1972년

2   헤론의 공식(Heron's formula)은 삼각형의 세 변의 길이를 통해 넓이를 구하는 공식을 말한다. 로마제국의 속주였던 아이깁투스(Aegyptus, 현 이집트)의 알렉산드리아에서 활동한 고대 그리스의 수학자 헤론이 그의 저서《메트리카 *Metrica*》에 이 공식을 정리해놓아 '헤론의 공식'이라 불리게 되었지만, 헤론이 이 공식을 정립한 것인지는 알 수 없다.

3   원제는《Along the Road : Notes and Essays of a Tourist》이다. 한국에는 번역 출간되지 않았다.

4   MC 해머는 미국의 래퍼이자 댄서이다. 1990년에 발매된 그의 3집 앨범〈Please Hammer Don't Hurt 'Em〉에 수록된 곡〈U Can't Touch This〉는 1990년대 초반 세계적으로 엄청난 인기를 끌었다.

FRANCE

샤모니

이런 게 사람 사는 맛이지

며칠 후 에두아르는 제자들과 독일의 라어라는 마을로 떠날 예정이었다. 에두아르가 근무하는 학교가 라어에 있는 한 고등학교와 자매결연을 맺고 있어 의무적으로 다녀와야 하는 여행이었다. 여행의 주목적은 외국의 가정 문화를 체험하고 친분을 쌓는 것이었다. 인솔교사가 해야 할 일은 거의 없다는 소리였다. 하지만 에두아르는 아이들과 함께 라어 근교를 자전거로 돌며 주변 유적을 탐방하겠다는, 아무도 시키지 않은 계획을 세웠다.

에두아르는 라어로 출발하는 아침부터 내 심기를 건드렸다. 얼마 전에 구입한 '로드바이크'를 독일까지 가지고 가겠다는 것이었다. 현지에서 빌리면 될 것을 왜 힘들게 가져가려는 건지. 더구나 흙길과 포장도로 어디에나 적합한 하이브리드 자전거를 놔두고 왜 스피드만을 목적으로 하는 자전거를 가지고 간다는 건지. 하여튼 마음에 안 들었다. 에두아르의 주장은 가벼운 로드바이크가 운반하기 편해서라는 것이었다. 하지만 아무리 생각해도 들고 가지 않는 게 더 편할 것 같았다. 설마 제자들 앞에서 새로 산 자전거를 자랑하고 싶은 건 아니겠지?

에두아르는 아침부터 짐을 싸느라 산만하게 움직였다. 어젯밤 속옷과 갈아입을 옷, 세면도구 등을 챙겨 내가 친절하게 준비해둔 가방에 사이클복을 마구 쑤셔 넣다가 가방이 너무 작다며 창고에서 커다란 여행 가방을 들고 왔다. 큰 가방을 펼치고 대략 스무 권의 책들을 가지런히 넣고는 그 위에 단정하게 개어놓은 옷들과 사이클복을 아무렇게나 쏟아부었다. 옷들은 입기도 전에 다 구겨졌다. 그러곤 요상하게 생긴 천막을 어디선가 꺼내왔다. 자전거를 통째로 넣을 수 있는 가방이었다. 대체 저런 건 어디서 파는지. 저런 물건이 있다는 건 또 어떻게 알았는지.

드디어 그가 모든 짐을 챙겨 들고 집을 뛰쳐나갔다. 그의 뒷모습이 진심으로 반가웠다. 창가에서 그의 뒷모습을 바라봤다. 그는 꼴랑 오 일간의 여행을 위해 자기 덩치보다 큰 천막 같은 가방을 어깨에 짊어지고 책이 잔뜩 들어 무거운 여행용 가방을 질질 끌며 뛰어갔다. 대체로 그 정도의 짐을 메고 끌면 속도를 내기 힘들다. 그런데 굳이 뛰어가려는 모습이 어딘가 모자라는 사람처럼 보였다.

몇 시간 후 초인종이 울렸다. 에두아르가 땀을 뻘뻘 흘리며 다시 나타났다. 무거운 짐 때문에 기차역까지 이동하는 시간이 길어졌고, 그가 역에 도착했을 때 기차는 정확히 일 분 전에 떠나버렸다. 아이들은 두 명의 인솔교사 중 다른 한 명의 교사와 먼저 떠났다. 다음 기차로 출발하려 했지만 기차표를 구할 수 없어 이튿날 아침에 출발하는 기차를 예매하고 돌아온 것이었다. 속에서 천불이 났지만 아무 말도 하지 않았다. 그 역시 살짝 건드리기만 해도 터질 것 같은 상태였기 때문이다.

다음날 꼭두새벽 에두아르는 다시 천막 같은 가방을 어깨에 메고 무거운 여행 가방을 질질 끌며 기차역으로 향했다. 여행 일정 중 하루를 날렸으니 꼴랑 사 일간의 여행이었다. 그쯤 되면 자전거는 포기할 만도 한데 그는 그러지 않았다.

라어에서 돌아온 에두아르는 아이들이 자전거 유적 탐방을 무척 좋아했다며 흐뭇해했다. 그러곤 기찻값은 학교에 청구하겠다고 했다. 자기 잘못으로 기차를 놓쳤는데 왜 학교에서 책임져야 하나 싶었다. 학교에서는 기차를 놓친 건 에두아르의 잘못이니 기찻값을 줄 수 없다고 했다. 에두아르는 치사하다며 욕을 했다. 결국에는 '그깟 몇 푼 더럽고 치사해서 안 받는다'며 툴툴거렸다. 누가 더 치사한 것일까? '티끌 모아 태산'이라는 말이 있다. 에두아르에게는 '그까짓 몇 푼'인 티끌이 왜 그리 태산 같을까? 에두아르에게는 흔적도 없이 사라지는 돈이 많다. 아주 많다.

처음부터 자전거만 가지고 가지 않았어도 이런 일은 없었을 거라 말하고 싶어 죽겠는데 겨우 참았다. 참느라 힘들었다. 에두아르는 일을 복잡하게 만드는 것이 취미인 것 같다. 순수한 의도를 가지고 아무도 시키지 않는 짓을 자청해서 계획하고 무리하게 밀어붙이다 번번이 일을 그르치고 결과적으로 좋은 소리도 못 듣고 손해만 본 후에 혼자 성질을 내곤 한다.

다가올 여름방학에 어디로 떠날까 고민하던 에두아르가 누군가와 통화를 했다. 전화를 끊고는 신나 죽었다. 사돈의 사촌 마리나가 샤모니에 있는 그녀의 산장을 통째로 사용하라고 했단다. 평소 관광객들에게 돈을 받고 빌려주는 산장이지만, 우리가 간다면 원하는 만큼 공짜로 사용하라고 했다는 것이다.

얼마 전 에두아르는 그녀의 논문 작업을 도와주었다. 적당히 해도 될 것을 있는 힘껏 성심을 다해 도왔다. 그녀의 논문을 도와주면서 독서와 수업 준비를 병행해야 했기 때문에 밤잠을 설쳐야 했다. 피곤과 스트레스를 호소하더니 결국에 혼자 구시렁거리며 성질까지 냈다. 그런 그가 짜증스러웠는데 덕분에 좋은 기회를 얻었다. 누군가를 도와줄 마음이 있다면 성심껏 해야겠다는 교훈도 덤으로 얻었다.

늦은 오후 마리나의 산장에 도착했다. 산 아래 산장들은 대개 예쁘지도 그리 넓지도 않아서 크게 기대하지 않고 갔었다. 산장은 기대 이상이었다. 넓고 쾌적한 여러 개의 방과 욕실, 피아노와 완벽한 오디오 시스템을 갖춘 사방 통유리의 빛나는 거실, 설산이 눈앞에 보이는 확 트인 테라스, 잘 가꿔진 정원까지. 지하에는 탁구장도 있었다. 정말이지 땡 잡았다는 생각을 하는 순간 에두아르의 고질적인 오지랖병이 재발했다. 이렇게 좋은 곳을 우리 둘만 사용하기에는 아깝다며 친구들을 초대하자는 것이었다.

먼저 로마에 사는 동생 부부에게 전화했다. 방송일을 하는 파우스토는 일정이 맞지 않았다. 그러자 에두아르는 초대할 친구들 명단을 뽑아 한 명씩 선정 이유를 설명했다. 콜레트, 그는 알피니스트 수준으로 등반하며 샤모니에서 멀지 않은 안시에 살고 있다. 프란츠, 그는 등산을 좋아하지만 그의 부인 모니크가 싫어해 등반 기회가 없어 불쌍하며, 마침 차로 한 시간 반 거리에 있는 그의 별장에서 휴가를 보내고 있다. 에므레, 그는 뚱뚱해서 운동이 필요하다. 친구들 이름과 선정 이유를 듣고 나자 왠지 이번 여행이 꼬일 것 같다는 생각이 들었다.

"서로 등반 수준도 다르고 취향도 다른 친구들을 한꺼번에 초대하면 어떡해?"

"걱정 마. 이건 그냥 리스트잖아. 다들 올 수 있을지 어떨지 모르는데 뭐. 일단 전화부터 해볼게."

콜레트와 에므레는 전화를 받지 않았다. 프란츠는 밝은 목소리로 부인 모니크와 같이 오겠다고 했다. 모니크와 함께 온다는 말에 에두아르가 살짝 당황하는 듯했다.

일 년 전 가을 쥐라산맥 일대를 등반한 적이 있었다. 그때 에두아르는 부인 때문에 등산도 못 하는 공처가 프란츠를 불러냈다. 프란츠는 뜻밖에 모니크와 함께 나타났다. 등산을 좋아하지 않는 모니크는 산 중턱쯤에서 먼저 하산하겠다고 했다. 에두아르는 정상에서만 볼 수 있는 아름다운 경치를 꼭 봐야 한다며 싫다는 그녀를 잡아끌고 억지로 정상까지 데리고 갔다. 그날은 날씨가 좋지 않았다. 정상에 올랐을 때는 비바람이 심하게 불었다. 아네모포비아[1] 증상이 있던 모니크는 패닉 상태가 되어 엄청 화를 내기 시작했다. 에두아르는 좋은 의도로 모니크를 정상까지 힘들게 끌고 갔지만 욕만 오지게 퍼먹었다. 에두아르는 극도로 화를 내는 모니크를 참아낼 수 없었고 산 위에서 둘은 대판 싸웠다.

나는 "뭐든 네 잣대에 맞춰서 무리하게 강요하면 안 된다"고 에두아르를 타일렀다. 프란츠는 "에두아르가 좋은 의도로 당신을 여기까지 데리고 온 것이며, 당신이 비바람을 무서워하는 것도 몰랐다. 또 이렇게 세찬 비바람을 에두아르가 불게 한 것도 아니지 않냐"고 모니크를 타일렀다. 그날 이후 에두아르와 모니크는 서먹한 사이가 되었다. 그래서 프란츠가 모니크와 함께 오겠다는 말에 당황한 것이었다.

모니크와 에두아르의 충돌이 조금 걱정되지만 나와 프란츠가 가운데서 잘 조절하면 될 것이었다. 솔직히 나는 모니크가 온다는 게 반가웠다. 까칠한 성격의 그녀가 내게는 아주 다정하다. 아마도 그녀의 어머니가 나와 같은 아시아 사람인 베트남인이라 그런 것 같다. 아니면 내가 그녀의 어머니가 베트남 사람인 걸 알았을 때 베트남전에 참전했던 한국 군인들이 베트남 여성에게 자행한 부도덕한 짓에 대해 숨김없이 이야기했기 때문인지도 모른다. 잘못은 시인하는 것만으로도 사과하는 효과가 있는 것 같다.

늦은 저녁 시간 콜레트에게서 전화가 왔다. 그녀는 신이 나서 남자친구 이브와 같이 오겠다고 했다. 콜레트와 통화를 마치고 얼마 되지 않아 에므레에게도 전화가 왔다. 최근 그의 열여덟 살 아들 아르노가 진학문제로 우울해했는데 기분전환에 도움이 될 것 같다며 같이 오겠다고 했다. 잠시 후 콜레트에게서 다시 전화가 왔다. 그녀의 남친 이브는 이혼한 전처와의 사이에 아들이 세 명이 있는데 그중 막내인 가브리엘을 데리고 오겠다는 것이었다. 나는 가브리엘을 콜레트의 집에서 몇 번 본 적이 있는데 상당히 반항적인 어린이였다.

명단에 있던 전원이 모두 원플러스원으로 오게 되었다. 에두아르와 서먹한 사이인 '바람 공포증'이 있는 중년여성과 우울한 청소년, 반항적인 아동이 추가되었다. 에두아르는 샤모니 일대 산봉우리를 소개하는 책을 들여다보며 머리를 싸맸다. 생각지도 않게 두 배로 불어난 인원 모두가 만족할 만한 등반 코스를 연구하느라 바빴다. 에두아르가 계획하는 일들은 왜 매번 이렇게 꼬이는 걸까?

"콜레트하고 에므레한테 전화 왔을 때 그냥 안부 전화였다고 거짓말하면 될 것을! 왜 사서 고생을 해?"

내 말에 에두아르는 눈만 껌벅였다. 미처 그 생각은 하지 못한 모양이었다. 그는 좋은 학벌에 비해 머리가 잘 굴러가지 않는다. 인생, 절대 학벌로 사는 거 아니다.

친구들이 오기 전 이틀 동안 에두아르는 비교적 수월한 트레킹 코스를 선정해 나를 데리고 다녔다. '샤모니'라는 이름 하나로 모두가 왜 그렇게까지 환호했는지 알 것 같았다. 파란 하늘 아래 새하얀 눈으로 덮인 뾰족한 산봉우리의 파노라마를 노랗고 빨갛고 하얀 야생화 위에 누워서 볼 수 있었다. 샤모니는 지금까지 봐온 모든 곳을 통틀어 가장 아름다웠다. 인류가 만들어낸 그 어떤 것과도 비교할 수 없는 압도적인 아름다움이었다. 환상적이었다. 그래서인지 등산객이 너무 많았다. 산속에서 한국인 단체 관광객을 만나기도 처음이었다.

넷째 날 이른 아침에 콜레트와 이브, 가브리엘이 도착했다. 안시의 한 아카데미에서 실용음악을 가르치는 재즈 뮤지션인 이브는 르프라리옹 언덕에서 재즈 콘서트가 열린다며 가보자고 했다. 2010년부터 매년 여름 샤모니 일대의 산과 계곡에서 '코스모재즈'라는 재즈 페스티벌이 열린다. 알프스 산속에서 재즈 콘서트를 즐길 수 있다니! 나는 생각만 해도 신이 나서 팔짝팔짝 뛰었다. 에두아르는 내가 너무 좋아하니 어쩔 수 없이 좋다고 하는 눈치였다. 에두아르는 음악 취향이 클래식을 벗어나지 않는다. 르프라리옹 언덕까지는 레주슈에서 출발하는 케이블카가 있지만 우리는 걸어가기로 했다.

"가브리엘이 걸을 수 있을까?"

내 말에 이브가 웃으며 말했다.

"아니, 못 걸을걸. 뛸걸."

아빠의 신임을 얻은 아이는 나를 향해 싱긋 웃어 보이더니 보란 듯이 뛰기 시작했다. 겨우 해발 2000미터도 안 되는 곳으로 꼴랑 재즈 콘서트를 보러 가는 것이 불만이었던 에두아르는 아이가 뛰는 걸 보자 언제 그랬냐는 듯이 일곱 살 가브리엘과 함께 깔깔거리며 뛰었다. 정신연령이 비슷해 보이는 두 남자는 체력연령조차 비슷해 보였다.

예전에 내가 사촌조카 푸름이와 보조를 맞춰 놀아주면 그의 엄마인 윤정언니는 늘 이렇게 말했다.

"그만 놀아줘. 너 그러다 죽어."

일곱 살 푸름이의 체력은 무쇠 같았다. 무쇠 체력 에두아르와 산행을 할 때면 윤정언니의 말이 떠오르곤 한다.

"너 그러다 죽어."

르프라리옹 언덕에 도착했을 때 콘서트는 이미 진행 중이었다. 무대 뒤로 하얀 구름과 파란 하늘이 펼쳐져 있었다. 뮤지션들이 마치 하늘 안에서 공연하는 것 같았다. 사람들은 무대 앞에 반쯤 누워 자연이 만들어낸 풍경 속에서 인간이 만들어낸 리듬을 즐겼다. 우리도 리듬을 즐기며 풀밭에 반쯤 누웠다. 잠시 후 이브는 뮤지션 동료들에게 인사하러 무대 쪽으로 가고 콜레트와 가브리엘도 그 뒤를 따라갔다.

그들이 자리를 비우자 에두아르가 투덜거리기 시작했다. 심지어 옆에 있는 사람들이 감자칩을 풀밭에 흘리는 것까지 못마땅해했다. 산속에서 사람들이 먹다 흘린 음식을 야생동물들이 먹게 되면 탈이 난다는 것이었다. 에두아르가 사람들에게 떨어진 감자칩을 주워 먹으라며 시비를 걸까봐 조마조마했다.

에두아르는 누워 있는 나를 일으켜 세우며 언덕 위쪽으로 더 올라가자고 보챘다. 옆에 있는 사람들에게 시비를 걸어 싸움이 벌어지는 꼴을 보는 것보다야 걷는 게 나을 것 같아 순순히 일어났다. 콘서트 무대가 있는 해발 1853미터 지점에서 해발 1946미터의 언덕 꼭대기까지 올랐다. 언덕 너머로 펼쳐지는 경치는 장관이었다. 정상까지 들려오는 음악 소리를 들으며 우리는 넋 놓고 눈앞의 풍경을 감상했다. 그렇게 몇 시간이라도 보낼 수 있을 것 같았지만 그만 하산하기로 했다. 저녁에 도착하는 에므레와 그의 아들 아르노를 맞이하러 가야 했다. 콜레트 일행은 콘서트가 끝날 때까지 남았다가 케이블카로 하산하겠다고 했다. 무쇠 체력 에두아르와 고소공포증으로 케이블카를 타지 못하는 나는 걸어서 하산했다.

　우리가 산장에 도착했을 때 콜레트와 이브는 이미 도착해 에므레와 함께 테라스에서 맥주를 마시고 있었다. 가브리엘 어린이는 시크한 표정으로 거실에서 책을 보고, 아르노 청소년은 혼자 고독을 씹으며 정원을 산책 중이었다. 테라스에서 우리가 들어오는 것을 본 에므레가 두 팔을 크게 벌려 흔들었다. 통통한 편이었던 에므레는 그야말로 뚱보가 되어 나타났다. 마지막으로 봤을 때보다 체중이 적어도 20킬로그램은 늘어난 것 같았다.

　저녁식사 후 각자의 방으로 흩어졌다. 에두아르는 샤모니 일대의 산봉우리를 소개하는 온갖 책을 들여다보며 머리카락을 쥐어뜯었다.

　"저 몸뚱이로는 아무 데도 못 가. 내가 왜 저놈에게 전화했던가? 망했다, 망했어."

　이제 와 후회하면 뭐하겠는가?

　이튿날 아침 에두아르가 제안한 곳은 트리코 고개였다. 올라가는 길에 비오나세이 빙하도 볼 수 있다고 했다. 나는 빙하

샤모니의 웅장한 계곡 사이로 보이는 빙하의 흔적

를 볼 수 있다는 말에 설레었다. 해발 1166미터에 있는 마을 르샴펠에 주차했다. 그곳부터 해발 2120미터 트리코 고개 정상까지 올라가는 것이 그날의 목표였다. 에므레는 생각보다 잘 걸었다. 에두아르가 에므레를 위해 어렵게 고른 등반 코스였는데 다행이었다.

마을을 가로질러 조금 더 가자 숲길이 펼쳐졌다. 숲길을 걸을 때면 숨을 쉬는 것만으로도 건강해지는 느낌이 든다. 맑은 공기와 아름다운 풍경은 마음까지 건강하게 만들어 세상을 긍정적으로 바라보게 해준다. 오존층 파괴로 인한 산성비, 지구온난화, 멸종 위기의 동식물과 그로 인한 생태계 파괴와 같은 환경문제들이 무색하게 느껴질 정도다. 그동안 에두아르를 따라 프랑스와 이탈리아의 많은 산을 등반했다. 산행할 때마다 '지구는 아직 이렇게 아름답고 살 만하다'라는 생각이 들었다.

우리 중 가장 젊은 가브리엘은 다시 뛰듯이 걸었고 그 옆에서 아르노가 함께 걸었다. 에두아르는 잠시 에므레와 보조를 맞춰 걷다가 인내심의 한계가 온 듯 슬금슬금 앞질러 아르노와 가브리엘 옆에서 걸었다. 평평했던 길이 조금씩 가팔라지고 등반 속도의 개인 격차가 커졌다. 선두에 에두아르와 아르노가 가고 그 뒤를 콜레트, 이브, 가브리엘이 뒤따랐다. 뭐든 천천히 하는 것을 좋아하는 나는 맨 뒤에서 에므레와 보조를 맞춰 걸었다. 올려다보이는 건너편 산골짜기로 얼음덩어리가 보였다.

"와! 한여름인데 아직도 녹지 않은 얼음이 있네!"

나는 신이 나서 말하는데 에므레는 한숨을 쉬었다.

"당연하지…. 저거 빙하거든."

에므레는 바닷속 생물을 탐구하는 해양학자이다. 매년 멸종되는 물고기를 봐야 하는 그는 환경오염의 심각성에 관해 이야기했다. 샤모니의 빙하는 1870년경부터 서서히 녹기 시작했는데 2003년부터는 녹는 속도가 가속화해 매년 평균 30미터 정도의 빙하가 사라지고 있다고 했다. 너무 많이 들어 심각성도 느끼지 못했던 이야기를 사라져가는 빙하 앞에서 듣자 공포특집 드라마가 따로 없었다.

"빙하가 녹는 것을 막을 방법은 없을까?"

"없어."

에므레의 답은 간단하고 확고했다. 만약 우리가 중세시대 사람들처럼 차도 기차도 비행기도 냉장고도 없이 살면서 플라스틱 등의 생산을 멈추면 가능할지도 모르지만, 이미 우리는 그런 것들이 없으면 살 수 없게 길들여졌다. 그동안 살 만하다고 생각했던 아름다운 지구가 공포의 장소로 다가왔다.

전날 산속에서 재즈 음악을 들으며 좋아했던 내 모습이 창피했다. 재즈는 우리 인간들이나 좋아하지 야생동물들은 좋아하지 않을 것이다. 예전 서울의 한 카페에서 굳이 종이컵에 커피를 담아 마시던 사람들이 떠올랐다. 나는 한국의 배달문화는 편리해서 자랑했고, 일본의 포장문화는 품위 있어 따라 했다. 이제는 그러지 못할 것 같다. 태어나서 처음으로 내가 지구 환경을 위해 무엇부터 할 수 있을지 진지하게 생각했다.

앞서가던 에두아르와 아르노, 가브리엘이 나타났다. 에므레와 내가 뒤처지는 것을 걱정한 모양이었다. 아니나 다를까, 경사길에 들어서면서부터 에므레는 힘들어했다. 아르노는 체중 과다로 잘 걷지 못하는 아빠가 창피한 듯 외면했다. 에므레는 결국 정상까지 오르는 걸 포기하고 중간에 하차하기로 했다. 밤에 안시 시내에서 공연이 있는 이브도 그만 하산하는 게 좋겠다고 해서 산행에 익숙한 콜레트가 에므레, 이브, 가브리엘을 인솔해 먼저 하산하기로 했다. 가브리엘은 아르노와 언제 그렇게 가까워졌는지 아르노 형아 옆에 남겠다고 떼를 쓰다가 아빠 이브한테 혼나고 시무룩해졌다.

에두아르와 나, 아르노만 남아 정상까지 오르기로 했다. 며칠째 계속되는 산행으로 피곤했던 나도 콜레트 일행과 같이 하산하겠다고 했지만 에두아르의 결사반대로 그러지 못했다.

콜레트 일행과 헤어지고 얼마 되지 않아 끔찍한 상황에 부딪혔다. 눈앞에 흔들다리가 나타났다. 다리 아래는 빙하에서 녹아내리는 물이 세찬 물살을 일으키며 흐르고 있었다.

흔들다리는 고소공포증 환자에게는 쥐약이다. 바로 뛰어내려가면 콜레트 일행에 합류할 수 있을 것 같아 잽싸게 뒤돌아서다 에두아르 손아귀에 목덜미가 잡히고 말았다. 우리 뒤에는 다리를 건너려는 사람들이 기다리고 있었다. 다리를 건너는 수밖에 다른 방법이 없었다. 에두아르는 아르노를 앞에 세우고 나에게 그의 어깨를 잡게 한 뒤 내 뒤에 몸을 밀착시켰다. 천천히 다리를 건넜다. 정상까지 가려면 흔들다리를 건너야 한다는 것을 미리 알고 있었을 에두아르에 대한 구타 욕구가 치솟았다.

겨우 다리를 건너고 조금 지나자 눈앞에 야생화 벌판이 펼

트리코 고개로 향하는 길에서 만난 환상적인 야생화밭

쳐졌다. 이 세상 풍경이 아닌 듯했다. 그 아름다움에 압도되어 흔들다리 위에서 느꼈던 공포도 남편에 대한 구타 욕구도 완전히 사라졌다. 이런 풍경을 볼 수 있다면 그까짓 흔들다리쯤이야 수백 번이라도 건널 수 있을 것 같았다. 하산하겠다는 나를 억지로 끌고 와준 에두아르에게 고마운 마음이 들었다. 그곳은 스쳐 지나기에는 아까울 만큼 아름다웠다. 우리는 야생화 벌판에 앉아 잠시 쉬기로 했다.

에두아르는 아르노에게 끊임없이 말을 시켰다. 아르노가 우울해 보이는 것이 신경 쓰이는 모양이었다. 시종일관 무뚝뚝한 표정으로 말이 없던 아르노도 극치의 아름다움 앞에서 마음을 여는 것 같았다. 밝은 표정으로 아빠 친구 부부에게 마음속 이야기를 털어놓았다. 모든 것이 두렵기만 했던 열여덟 살의 내가 떠올랐다. 열여덟은 아빠 친구 부부에게 마음을 열기가 쉽지 않은 나이다. 마음속 이야기를 들려주는 아르노가 고맙고 대견했다.

누군가가 자신의 이야기를 들려준다는 것은 상대를 믿는다는 것이다. 그런 믿음은 이야기를 듣는 사람의 마음도 치유해준다. 황홀한 야생화 벌판에서 우리 셋은 제대로 힐링하는 것 같았다. 다시 천천히 정상을 향해 걸었다. 하산길은 가파르고 좁아서 현기증이 났다. 아르노는 그런 나를 위해 뒤에서 걸으며 때때로 내 팔을 잡아주었다. 덕분에 안정이 되었다.

산장에 도착했을 때 콜레트 일행은 이미 안시로 떠난 뒤였고 프란츠와 모니크가 도착해 에므레와 함께 저녁을 준비하고 있었다. 저녁을 먹으며 에두아르는 미리 생각해둔 다음날 등반 코스에 관해 이야기했다. 에귀이루즈 자연보호구역에 있는 락블랑 호수에 가는 것이 목표인데, 라플레제르까지는 케이블카로 가면 돼서 어렵지 않은 트레킹 코스라고 설명했다.

저녁을 먹으며 다음날 일정에 관해 한창 이야기하고 있을 때 콜레트에게 전화가 왔다. 일정을 들은 콜레트는 이튿날 아침 일찍 다시 산장으로 오겠다고 했다. 전화를 끊은 후 에두아르는 일정을 조금 바꾸겠다고 했다. 본인은 콜레트, 아르노와 함께 라플레제르까지 걸어갈 테니, 나머지 네 사람은 케이블카로 이동해 해발 1877미터에 있는 라플레제르 케이블카 정류장에서 만나자는 것이었다. 아르노는 좋다고 했다. 내게도 같이 걸어 올라가지 않겠냐고 했지만 '너 그러다 죽어' 했던 윤정 언니의 말이 떠올라 싫다고 했다. 흔들다리도 건너봤으니 케이블카도 탈 수 있을 것 같았다.

이튿날 아침 에두아르는 콜레트, 아르노와 함께 먼저 떠났다. 프란츠와 모니크, 에므레와 나는 여유 있는 아침을 보내고 약속시간 열한 시에 맞춰 케이블카로 이동했다. 친구들이 내 주위를 감싼 덕분에 케이블카 안에서 큰 공포는 없었다. 약속 장소에 도착했을 때 괴력의 남녀 삼인방은 이미 도착해 우리를 기다리고 있었다. 곧바로 호수를 향해 걷기 시작했다.

그날의 등반 코스는 주위에 나무가 없어 뜨거운 햇살을 고스란히 뒤집어써야 하고 돌길이 많아 걷기 힘들었다. 대신 눈앞에 걸리는 것 없이 알프스산맥의 파노라마를 한눈에 볼 수 있어 좋았다. 우리는 중간중간 걸음을 멈춰 알프스 산봉우리의 깊은 물결을 감상하며 천천히 걸었다. 드디어 해발 2352미터의 락블랑 호수에 도착했다. 힘들게 걸어 올라간 보람이 있었다. 프랑스어로 '락(Lac)'은 호수라는 뜻이고 '블랑(Blanc)'은 하얗다는 뜻이다. 우리말로 옮기면 '하얀 호수'인 락블랑 호수를 보는 순간 마음이 새하얗게 맑아지는 느낌이었다.

새파란 하늘을 고스란히 담은 호수 앞에서 우리는 일제히 탄성을 질렀다. 커다란 바위 위에 앉아 한없이 파랗고 하얗게 빛나는 호수와 끝없이 펼쳐지는 알프스의 파노라마를 감상하며 점심을 먹었다. 식사를 마친 후 에므레와 모니크, 프란츠는 지친 기색이 역력했다. 그만 하산하려는데 에두아르는 곧 죽어도 해발 2965미터 에귀이루즈 정상까지 갔다 와야 직성이 풀리겠다며 같이 갈 사람이 있는지 물었다.

자기가 직접 친구들까지 불러모았으면서 에두아르는 계속 개인행동을 하려고 했다. 일행 중 대다수가 하산할 때 한 번도 같이 하산하려 한 적이 없었다. 나는 그의 그런 행동이 마음에 들지 않았다. 아르노는 에두아르를 따라나설까 잠시 고민하더니 지친 아빠가 신경 쓰이는지 가지 않겠다고 했다. 콜레트는 저녁에 약속이 있어 얼른 다시 안시로 가야 한다고 했다. 에두아르는 잠시 후에 다시 케이블카 정류장에서 만나자는 말을 남기고 혼자 정상을 향해 떠났다.

에므레가 너무 많이 지친 상태라 하산길이 평탄치 않았다. 아르노는 그런 아빠를 살뜰히 챙기고 콜레트는 우리를 배려하며 아주 천천히 걸었다. 이런 것이 친구들과 함께하는 산행의 매력이 아닐까? 그런 생각이 들자 에두아르가 더 밉살맞게 느껴졌다. 우리가 정상등반 성공기록을 세우러 온 게 아니지 않

락블랑에 도착해 이야기를 나누고 있는
에두아르와 에므레

은가. 이럴 거면 친구들을 초대하지나 말든지.

드디어 약속장소인 라플레제르의 케이블카 정류장에 도착했다. 에두아르의 모습은 보이지 않았다. 콜레트는 저녁 약속 때문에 케이블카를 타고 먼저 떠났다. 에므레는 지쳐서 죽게 생겼다. 뭐라도 먹여야 할 것 같았다. 우리 다섯은 정류장 앞 카페 테라스에 맥주를 시켜놓고 앉았다. 이런저런 이야기를 하며 한참 기다렸지만 에두아르는 나타나지 않았다. 전화도 받지 않았다. 모두들 에두아르에게 사고라도 나지 않았을까 걱정했다.

"걱정하지 마. 그럴 리 없어. 에두아르한테 이 정도 산은 껌이야."

친구들을 안심시키기 위해 그렇게 말했지만, 솔직히 나도 그에게 무슨 일이라도 났을까 애가 탔다. 그러면서도 모두에게 걱정을 끼치는 에두아르에게 짜증이 났다. 일 좀 벌이지 말고 다 같이 행동하면 얼마나 좋을까?

한참 시간이 지나고 테라스에 앉아 있는 사람은 우리 일행밖에 없었다. 카페 직원이 다가와 십 분 후에 출발하는 케이블카가 막차니 걸어서 하산할 게 아니면 그 케이블카를 타야 한다고 일러주었다. 우리는 얼른 자리에서 일어났다. 그런데 에므레가 앉아서 버텼다.

"너희들 먼저 내려가. 나는 여기서 에두아르를 기다릴래. 우리 여기서 만나기로 했잖아. 나는 에두아르에게 텅 빈 약속 장소를 보여주고 싶지 않아. 내 오래된 친구가 혼자 하산하게 놔둘 수 없어."

이건 또 뭔 소리인가? 에두아르 혼자 하산하면 두 시간이면 뒤집어쓸 코스가 에므레와 함께라면 네 시간은 족히 걸릴 것이었다. 자칫하면 에두아르가 에므레를 업고 하산해야 하는 사태가 벌어질지도 몰랐다. 눈물 나게 감동적인 우정은 이해하겠지만, 이게 진정 친구를 위한 것인가? 나는 차마 '네가 뚱뚱해서 에두아르 하산에 방해될 거야' 소리는 못 하고 어떻게든 설득해보려 애썼다.

"에므레, 걱정 마! 에두아르는 혼자서도 하산할 수 있어! 그리고 우리가 여기서 자기를 기다리지 않았다고 섭섭해하지도 않을 거야. 장담해!"

말이 통하지 않았다. 끝까지 남아서 에두아르를 기다리겠다고 했다. 이런 똥고집을 봤나. 환장할 노릇이었다. 에므레가 의자에 본드를 붙이고 앉아 일어날 생각을 안 하자 아르노도 아빠 옆에 남아 에두아르를 기다리겠다고 했다. 그러자 프란츠가 모니크의 눈치를 슬슬 봐가며 자기도 같이 남겠다고 나섰다. 이것들이 단체로 미쳤나? 프란츠의 말이 떨어지기가 무섭게 모니크가 프란츠를 딱하게 쳐다보며 한마디 했다.

"우리가 먼저 내려가서 저녁 준비를 해놓는 게 낫지!"

우리가 실랑이를 벌이고 있는 사이 다시 카페직원이 다가와 마지막 케이블카가 곧 출발한다는 소식을 전했다. 에라, 모르겠다. 나는 에므레의 팔을 마구 끌어당겨 그를 질질 끌고 케이블카를 향해 뛰었다. 모니크도 프란츠의 손을 잡아끌어 뛰었다. 아르노는 더 빨리 뛰어가선 케이블카가 출발하지 못하게 하고 우리를 기다렸다. 케이블카의 문이 닫히려는 순간 에므레가 "잠깐만요!" 소리치더니 직원에게 "이 차가 정말 막차입니까?" 하고 애절하게 물었다.

"네, 막차입니다. 왜 그러시죠?"

"제 친구가 아직 산속에 있거든요."

"카페 테라스 쓰레기만 태워서 내려보내는 케이블카가 남아 있긴 한데…. 만약 친구분이 운이 좋으면 그거라도 타고 내려갈 수 있을 겁니다."

마지막 케이블카를 타고 주차장에 도착해서도 에므레는

혹시 에두아르가 쓰레기와 같이 내려올지 모르니 그곳에서 기다리겠다고 했다. 나도 더 이상 말릴 생각이 없었다. 프란츠와 모니크는 슈퍼마켓에서 장을 봐 저녁 준비를 하겠다며 먼저 출발했다. 나와 아르노는 에므레 옆에 남아 쓰레기를 실은 케이블카가 내려올 때까지 기다리기로 했다. 한 이십 분쯤 기다렸을까. 멀리서 케이블카가 내려오는 게 보였다. 쓰레기를 실은 케이블카다! 우리는 케이블카가 더 잘 보이는 곳을 향해 달렸다. 쓰레기 때문에 케이블카 안이 잘 보이지 않았다.

"쓰레기만 있는 거 같아. 에두아르 저거 못 탔나봐."

내가 풀이 죽어 말하는 순간 에므레가 소리쳤다.

"아냐, 누군가 있어! 쓰레기 봉지를 누군가 만지는 걸 방금 본 것 같아!"

나는 쓰고 있던 선글라스를 벗고 두 눈을 크게 떠 케이블카 안을 살폈다. 에두아르가 쓰레기더미와 함께 케이블카 안에 있었다! 나는 너무 반가워 팔짝팔짝 뛰며 두 팔을 높이 들어 흔들었다. 에두아르도 쓰레기더미 속에서 환하게 웃으며 손을 흔들었다. 케이블카에서 내린 에두아르는 신이 나서 덩실덩실 춤을 추는 내게 다가와 씩 웃더니 갑자기 표정을 바꾸어 째려봤다. 그러곤 에므레에게 다가가 그를 얼싸안으며 말했다.

"카페 직원한테 들었어. 한 뚱뚱한 남자가 친구를 몹시 걱정하며 기다렸다고. 그리고 그 뚱뚱한 남자가 짜증스러운 표정의 아시아 여자 손에 끌려 어쩔 수 없이 막차를 타고 내려갔다고."

포옹한 두 남자는 행복해 보였다. 아르노와 나도 감격의 포옹 중인 두 남자를 보며 흐뭇했다. 우리는 바로 프란츠에게 전화했다. 아직 슈퍼마켓이라고 했다.

프란츠와 모니크는 정육코너 앞에 서 있었다. 우리를 보자 프란츠가 함박웃음을 지었다. 모니크도 활짝 웃으며 에두아르와 에므레의 어깨를 다독였다. 한턱 쏘기 좋아하는 프란츠가 신이 나서 말했다.

"에두아르의 무사 귀환을 환영하며! 모두를 걱정시킨 만큼 모두를 기쁘게 해준 에두아르를 위하여! 내가 오늘 바비큐 쏜다! 여기 있는 고기 다 사 가자! 오늘 밤 먹고 죽자!"

우리는 일제히 '와!!!'를 외치며 슈퍼마켓 안에서 팔짝팔짝 뛰었다. 산장으로 돌아와 신나게 고기를 굽고 와인병을 따면서 우리는 모두 너무너무 행복했다. 에두아르가 친구들을 왕창 불러 여행을 복잡하게 만들지 않았다면, 혼자 정상 등반길

에 올라 속을 썩이는 밉상짓을 안 했다면 맛보지 못했을 행복
감이었다. 사는 맛이란 그렇게 일을 복잡하게 벌여야 맛볼 수
있는 것인지도 모른다.

---

1   아네모포비아(Anemophobia)는 바람에 극도의 공포를 느끼는 공포증이다.
     이 공포증이 있는 사람은 정도에 따라 공황발작을 일으킬 수 있다. 흔히 나
     타나는 공포증은 아니며 현대의학으로 치료가 가능하다.

FRANCE

마시프상트랄

사랑은 최선을 다하는 것

여름방학이 다가오지만 나는 당분간 집에서 쉬고 싶은 마음이 굴뚝 같았다. 지난 부활절 방학 때의 여독이 아직도 풀리지 않은 탓이었다. 우리는 프랑스 중남부의 산악지대인 마시프상트랄로 산행을 떠났었다.

해발 1855미터 플롱브뒤캉탈 정상등반을 마치고 산 중턱에 있는 산장을 향해 하산하는 중이었다. 배가 너무 아팠다. 에두아르는 아침부터 나에게 억지로 빵을 먹였고 산행 내내 마른 과일과 물을 먹고 마시라고 강요했다. 당분을 충분히 섭취하지 않으면 체력이 떨어져 산행을 할 수 없고 물을 마시지 않으면 다음날 근육통에 시달리게 된다고 했다. 아침은 아주 오래전부터 먹지 않고 과일을 무척 싫어하는 내가 아침도 먹고 과일도 먹고 목도 마르지 않은데 계속해서 물을 마셨다. 배탈이 날 수밖에. 그것도 산속에서.

요시모토 바나나의 소설 《키친》의 주인공 사쿠라이 미카게가 부엌에 집착하듯이 나는 화장실과 욕실에 집착한다. 미카게는 어떤 부엌이든 무조건 좋아하지만 나는 깨끗하고 쾌적한 화장실과 욕실만 좋아한다. 여행지 호텔에서도 화장실과 욕실부터 확인하는 습관이 있다. 침대가 불편한 건 참을 수 있어도 화장실과 욕실이 쾌적하지 않은 건 참기 힘들다. 산속에는 쾌적한 화장실이 없다. 그래서 배가 아픈 것을 참고 또 참았지만 더 이상은 참을 수 없었다. 하늘이 점점 노래지고 머릿속은 하얘지더니 식은땀이 흐르고 닭살까지 돋았다.

내 절박한 사정을 눈치챈 에두아르는 바위 사이 무성한 수풀을 가리키며 그곳에서 해결하라고 했다. 빙그레 웃으며 두루마기 휴지와 비닐봉지를 건네고는 조심히 걸으라는 말도 덧붙였다. 잘못하면 속옷과 바지를 버리겠다는 것이었다. 한 대 칠까? 순간 울컥했지만 힘을 잘못 줬다가는 정말 속옷과 바지를 버릴 것 같아 참았다.

　나는 사방을 살피며 바위 사이에 앉았다. 그때였다. 어디선가 당나귀 한 마리가 나타나 내가 하는 모든 행위를 뚫어지게 쳐다봤다. 당나귀의 눈빛은 엉큼했다. 목소리를 깔고 "저리가!"라고 협박했지만 소용없었다. 에두아르가 달려오기라도 하면 못 보일 꼴을 보이게 될 것 같아 목소리를 높여 소리칠 수도 없었다.

　당나귀 앞에서 볼일을 해결한 후 다시 산장을 향해 걸었다. 닭살이 돋았던 피부에서 땀이 나기 시작했다. 잠시 후면 산장에서 뜨거운 물로 샤워할 수 있다는 기대에 기분이 좋았다. 산장에 도착했을 때는 너무 추웠다. 온몸에 흐르던 땀은 그대로 식어 자외선 차단 크림을 잔뜩 바른 피부에 얼룩을 남기며 끈적하게 달라붙었다. 당장 샤워부터 하고 싶었다. 하지만 산장에는 욕실은커녕 뜨거운 물도 안 나왔다. 다행히 공동 세면대는 있었다. 세면도구 파우치를 들고 가 양치질부터 했다. 수도에서 흐르는 물로 입안을 헹구는데 이빨이 몽땅 빠지는 줄 알았다. 태어나서 그렇게 차가운 물을 입에 넣어본 적이 없었다. 세수는 엄두도 못 냈다. 전기에 감전된 듯한 찌릿한 통증을 느

photo by 에두아르

끼며 방으로 돌아왔다.

산장의 모든 방은 남녀혼숙 도미도리였다. 내 발치에서 자던 남자는 코를 심하게 골았다. 나를 포함한 모든 사람이 씻지 않아 방안은 온갖 냄새에 절어 있었다. 쌕쌕거리며 잠들어 있는 에두아르 옆에서 나는 한숨도 못 잤다.

다음날 옆 산봉우리에 있는 산장까지 가기로 했던 일정은 내가 우겨서 취소했다. 산장의 '산' 자도 듣기 싫었다. 에두아르는 땀이 흘렀다 말랐다를 반복한 상태에서 하루 이상 못 씻는 것이 견디기 힘들다는 걸 이해하지 못했다. 하지만 내가 화를 내는 게 아니라 치를 떨고 있다는 걸 알아채고는 더 이상 설득하지 않았다. 가까운 마을까지 하산하기로 했다.

하산길에서는 생각지도 못한 일로 골머리를 앓았다. 산장 근처 목장에서 만난 산양 두 마리가 목장을 탈출해 우리 뒤를 졸졸 따라왔다. 저러다 말겠거니 했는데 놈들은 집요하게 뒤따라왔다. 목장 번호표를 목에 단 산양들은 아무리 소리치고 작은 돌멩이로 위협해도 계속 따라왔다. 그들을 따돌리려고 별짓을 다 해봤지만 소용없었다.

늦은 오후에야 산양 두 마리와 마을에 도착했다. 피곤해 죽을 것 같았지만 경찰서부터 찾아가야 했다. 골칫덩이 산양 두 마리를 데리고 호텔로 갈 순 없었다. 그렇다고 차가 다니는 마을에 나 몰라라 내팽개치고 도망갈 수도 없었다. 경찰에 산양을 떠맡긴 후 우리는 그날 밤 묵을 호텔을 알아봤다. 무슨 일인지 반경 10킬로미터 이내의 호텔이라는 호텔은 죄다 만실이었다. 알고 보니 마을 부근에서 '랠리'[1]인가 뭔가 하는 자동차 경주대회가 있어서 선수들과 관광객들이 몰려온 탓이었다. 다행히 30킬로미터 정도 떨어진 마을에 딱 한 개 남은 방을 구했다. 하지만 우리에겐 그곳까지 이동할 차도 체력도 없었다.

에두아르가 히치하이킹밖에 방법이 없다며 나더러 지나가는 차를 잡으라고 하더니 자기는 뒤로 가서 숨었다. 산속에서 똥을 싼 것도 모자라 평생 해본 적 없는 히치하이킹을 나이 오십에 하게 되다니. 멀리서 차 한 대가 보였다. 엄지손가락을 들어 열심히 흔들었다. 생애 첫 히치하이킹을 단번에 성공시켰다. 차가 서자 숨었던 에두아르가 생쥐처럼 쪼르르 달려와서 사정을 이야기했다. 운전자는 삼십 대 여자였다. 여자의 차 뒷좌석에는 엄청나게 많은 오렌지가 뒹굴고 있었다.

깜깜한 밤이 돼서야 호텔에 도착했다. 호텔 카운터에서 방 열쇠를 받아든 에두아르의 표정이 좀 찜찜했다. 우리가 예약한 방에는 욕실이 없어 공동욕실을 사용해야 한다는 실망스러운 소식을 알려줬다. 그래도 화장실은 방 안에 있다고 했다. 호텔 방문을 여는 순간 우리는 얼음처럼 굳어버렸다. 침대 대각선으로 변기가 떡하니 보였다. 방 안에 화장실이 있는 게 아니라 화장실 안에 침대가 있는 것이었다. 황당한 상황에 처음엔 당황스러워 놀랍기만 했다. 딱 삼 분 후 현타가 왔다. 그러니까 둘 중 한 명이 볼일을 보게 되면 나머지 한 명은 오밤중에 자다가도 방에서 나가야 한다는 현실을 깨닫자 절망스러웠다.

나는 그 자리에서 풀썩 주저앉고 말았다. 에두아르는 즉각 불난 집에 부채질을 했다. 배가 너무 아프다며 자리를 피해달라고 했다. 얻어 탄 차 안에서 오렌지를 내 몫까지 두 개나 얻어먹더니 탈이 난 모양이었다. 그가 방에서 볼일을 보는 동안 공동욕실에서 샤워를 하기로 했다. 세면도구를 챙겨 가려는데 아무리 찾아도 없었다. 전날 산장에서 얼음물에 감전된 충격으로 세면도구 파우치를 세면대에 놓고 온 것이었다. 치약도 샴푸도 린스도 보디워시도 심지어 비누 조각 하나도 없었다. 믿기지 않는 현실에 넋을 놓고 있는데 에두아르가 발을 동동

구르기 시작했다.

어쩔 수 없이 갈아입을 옷과 수건만 챙겨 들고 공동욕실로 향했다. 욕실 불을 켰다. 순간 정육점에 잘못 들어간 줄 알았다. 괴기스러운 붉은색 전구 때문이었다. 샤워기 물을 틀자 순간 세차장에 온 줄 알았다. 물살이 어찌나 센지 샤워기를 어디 한 곳에 일 초 이상 대고 있으면 근육이나 내장 파열이 올 수도 있을 것 같았다.

인간은 극한 상황에 부딪히면 오히려 긍정적으로 될 수 있다는 것을 알았다. 세제가 필요 없다는 물방울 세탁기의 원리는 이용할 수 있겠다는 생각이 들었다. 강력 파워 물살을 현란한 동작으로 온몸에 뿌리는데 순간 기적처럼 내 눈에 비누가 들어왔다. 욕실 바닥에 떨어져 있는 비누 조각을 발견한 것이었다.

그 비누가 세안용인지 세탁용인지는 중요하지 않았다. 냉큼 비누를 주웠다. 까만 때가 묻은 비누의 주인이 누구였는지도 전혀 중요하지 않았다. 그게 남자든 여자든 피부병이 있는 인간이든, 비누로 몸의 어느 구석을 집중적으로 닦았든 그 모든 것이 중요하지 않았다. 그것이 비누라는 사실만이 중요했다. 나는 기적의 비누를 온몸에 문지른 후 제트스파 같은 물살로 헹궈냈다. 정말 개운했다.

사람은 개고생을 해보면 깨닫게 되는 것이 있다. 까다롭지 않으면 사는 게 수월해진다. 그날 이후 비누만 보면 산다. 비누 수집이라는 새로운 취미가 생긴 것이다. 비누를 보면 묘하게 든든해진다. 비누를 볼 때마다 뭐랄까 자신감 같은 것을 느낀다. '이것 하나만 있으면 된다'는 정서적 든든함이 자신감으로 연결된다는 사실을 알았다. 비누 하나도 이렇게 든든함을 주는데, 사람이 주는 정서적 든든함은 어떨까. 사랑받는 사람들이 자신감으로 넘쳐나는 이유를 비로소 깨달았다.

내가 서른 중반에 모아둔 돈을 싸 들고 이탈리아로 떠날 수 있었던 누가 봐도 대책 없는 행동은 어쩌면 자신감이었을지 모른다. 나는 운 좋게도 좋은 부모를 만났다. 엄마와 아빠가 우리 삼남매에게 좋은 것을 먹이고 좋은 것을 입혔다는 게 아니다. 세상이 인정하는 명성이나 학식이 있어 자랑스러웠던 것도 아니다. 엄마와 아빠는 할 수 있는 최선을 다해 우리 삼남매를 사랑했다. 가장 강한 사랑은 최선을 다하는 것이다. 사랑은 세상에서 가장 힘세고 무게감이 있어 그 사랑을 받는 사람은 흔들려도 절대 쓰러지지 않는다. 이탈리아로 떠나기 전

나는 이미 이 사실을 알고 있었던 것 같다. 나는 절대 쓰러지지 않아.

운 좋게 그런 든든함을 지녔던 나는 가끔 에두아르가 불쌍하다. 그는 명성 있고 부유한 집안에서 나고 자랐다. 하지만 부모로부터 내가 받은 만큼의 사랑을 받지 못한 것 같다. 대외적으로 명성 있고 학식도 높았던 그의 아버지는 무척 고지식하고 권위적인 분이었다. 신여성이었던 시어머니는 그런 남편 때문에 결혼 후 본인이 하고 싶었던 일도 하지 못한 채 집에만 머물며 프랑스 상류사회의 귀부인이 되어야 했다.

그래서였는지 어머니는 젊은 시절 우울증에 시달렸다. 어머니가 사십 대 중반에 낳은 막내 에두아르는 유모인 이르미 아주머니 손에서 자랐다. 에두아르는 다섯 살 무렵부터 여름 별장의 드넓은 정원에서 혼자 놀다가 자전거를 타고 집 밖으로 나가 저녁 늦게까지 돌아다녔다는 이야기를 자랑하듯 자주 했다. 겨우 다섯 살이었는데 혼자 집 밖에 나가는 것이 무섭지 않았냐고 물었더니 그는 이렇게 대답했다.

"아니, 전혀! 집에 있기 정말 싫었거든."

에두아르에게 부모는 그다지 든든한 존재가 아닌 것 같다. 그런데도 에두아르는 나보다 더 자신감으로 넘쳐난다. 모두가

'예스'라고 할 때 혼자 '노'라고 말할 수 있는 것도, 상대가 누구든 잘못된 행동을 하면 곧바로 지적을 해대는 것도 모두 자신감이 없다면 할 수 없는 행동이다. 동료 선생들에게 오지랖을 떨며 충고하다가 왕따가 되어 혼자 점심을 먹어도 태연할 수 있는 것도 자신감 덕분일 것이다.

에두아르는 어릴 적 방학 때마다 집에 있는 게 싫어 한화로 6만 원 정도의 돈을 들고 여행을 떠났다는 이야기를 내게 들려준 적이 있다.

"돈을 다 쓰고 나면 시골 마을에서 먹을 것과 잠자리를 구걸하며 다녔어. 하루는 돈이 다 떨어져서 아무것도 못 먹었는데, 진짜 배가 너무 고픈 거야. 그때 마침 들판에서 젖소가 풀을 뜯어 먹더라고. 바로 나는 젖을 짜 먹으려고 젖소 밑으로 기어들어갔지. 그런데 젖을 아무리 짜도 한 방울도 안 나오는 거야. 젖은 아무렇게나 짜면 안 된다는 걸 그때 알았어. 아무튼 그날 나는 젖은 한 모금도 못 먹고 젖소 뒷발에 밟혀 죽을 뻔했어."

또 한 번은 친구 도미니크와 같이 여행을 갔는데, 산속에서 도미니크가 늪에 빠지고 말았다고 한다. 에두아르는 산속을 뛰어다니며 긴 나뭇가지를 구해와 친구를 가까스로 구해냈다. 적잖이 당황한 두 소년은 그날 밤 산에서 길을 잃고 산속에서 밤을 새웠다. 늑대 울음소리에 잠을 잘 수 없었다. 그 후로 한동안 에두아르는 산에 갈 때 큰 칼을 들고 다녔다고 한다. 그 칼은 아직도 집에 있다.

에두아르는 그렇게 여행을 통해서 온갖 모험을 하며 어떤 상황도 이겨낼 수 있다는 자신감을 지니게 된 것이 아닐까. 부모에게 최선을 다하는 사랑을 받았던 나의 자신감이 수동적인 자신감이라면 에두아르의 자신감은 혼자 해낼 수 있다는 스스로에 대한 믿음과 든든함으로 가지게 된 능동적 자신감일 것이다.

이튿날 우리는 다음 여행지인 클레르몽페랑으로 이동하기 위해 캉탈에 세워둔 차를 찾으러 가야 했다. 똥깐 호텔방이 있는 마을에서 캉탈까지 대중교통 수단이 없어 다시 히치하이킹을 했다. 시골 마을의 인심이 좋은 건지 우리 행색이 동정심을 유발하는 건지 별 어려움 없이 히치하이킹에 성공했다.

점심 때쯤 캉탈에 도착했다. 캉탈은 캉탈이라는 치즈로 유명한 곳이다. 시어머니가 가장 좋아하는 치즈이기도 해서 우

리 것과 어머니에게 선물할 것을 넉넉히 샀다. 어릴 적에 치즈에는 불소가 들어 있어 치즈를 먹은 후에는 이를 닦지 않아도 된다고 했던 선생님 말씀이 떠올랐다. 칫솔도 치약도 없어 손가락으로 대충 입안을 문지르고 나와서 입안이 텁텁해 죽을 지경이었다. 나는 치즈의 불소 성분이 이를 개운하게 해줄 것을 기대하며 바로 씹어먹었다. 에두아르에게도 권했다. 치즈를 먹어야 하는 이유를 설명하자 에두아르는 듣도 보도 못한 소리라며 꺄우뚱하면서도 나보다 더 많이 먹었다. 먹고 나니 입안이 조금 개운해지긴 했는데 입에서 똥냄새가 났다.

점심을 먹으러 들어간 식당에서 우리는 입을 가리고 주문을 해야 했다. 우리의 수상쩍은 행동에 식당 직원이 이상한 눈으로 쳐다봤다. 에두아르가 솔직하게 말했다.

"지금 저희 입에서 똥냄새가 나서요. 죄송합니다."

직원이 웃음을 터뜨렸다. 에두아르는 우리가 지난 이틀 동안 겪은 일을 털어놓았다. 식사를 마칠 때쯤 직원은 세면도구를 살 수 있는 근처 가게를 알려주며 작은 접시에 우리가 주문하지도 않은 치즈를 담아 서비스로 주었다.

유쾌한 식사를 마치고 나왔다. 직원이 알려준 가게에 들러 세면도구를 산 후 예약해둔 샹브르 도트를 향해 출발했다. 차창 밖으로 마시프상트랄의 드넓은 평야와 부드럽게 곡선을 그리는 산세가 끝없이 지나갔다. 보기만 해도 마음이 부드러워지는 풍경이었다.

샹브르 도트는 클레르몽페랑에서 멀지 않은 오베르뉴 화산 지방 자연공원 근처의 작은 마을에 있었다. 마시프상트랄 일대는 만 년 전에 화산 활동으로 생겨난 곳이다. 당연히 온천수가 유명하다. 일부러 온천을 찾아가지 않아도 이 일대의 수돗물은 온천수급이라고 한다. 나는 당장 짐을 풀고 샤워부터 하고 싶었다. 에두아르는 아직 이른 시간이니 자연공원에 다녀오자고 했다. 오는 길에 차창 밖으로 보이는 산세가 무척 마음에 들었던 터라 좋다고 했다.

양옆으로 평온한 평야가 펼쳐지고 눈앞으로는 지평선 너머 하늘이 있는 풍경 속을 달렸다. 큰 주차장을 발견했다. 그곳에 차를 세우고 걷기 시작했다. 자연공원은 조금 가파른 숲길로 시작되었다. 천천히 걷다가 에두아르가 갑자기 '앗차' 했다. 차 안에 지도를 놔두고 왔다며 가서 가지고 와야겠다고 했다. 지도가 없으면 없는 대로 걷자고 하자 에두아르는 펄펄 뛰었다.

"야! 너 예전에 브리앙송에서 길을 잃어보고도 그런 소리가 나오냐? 내가 얼른 가서 가지고 올 테니까 여기서 꼼짝 말고 기다리고 있어!"

삼십 분쯤 혼자 기다렸다. 에두아르가 숨을 몰아쉬며 달려왔다. 마시프상트랄은 샤모니의 사람을 압도하는 화려함은 없지만 부드럽게 감싸는 온화함이 있었다. 천천히 걷는 사이 해가 지고 있었다. 어두워지기 전에 우리는 주차장을 향해 걸었다. 한참 걸었는데도 이상하게 주차장이 보이지 않았다. 에두아르는 불안한 듯 지도를 열심히 들여다보며 걸었다. 그런데 걷다 보니 우리가 같은 곳을 뱅뱅 돌고 있다는 것을 알았다.

길을 잃은 것 같았다.

방향 감각 하나는 탁월한 에두아르는 본인이 길을 잃었다는 사실을 믿을 수가 없는 모양이었다. 지도를 땅에 펼쳐놓고 열심히 들여다보며 "말도 안 돼"를 연발했다. 그러는 사이 사방이 칠흑처럼 깜깜해졌다. 배터리가 얼마 남지 않아 마음 놓고 휴대전화로 불을 밝힐 수도 없었다. 조난되면 휴대전화가 꼭 필요하다. 다행히 달이 밝은 밤이었다. 하늘을 올려다봤다. 별이 쏟아진다는 게 이런 거구나. 하늘에서 별이 빼곡하게 빤

짝이며 우리를 내려다보고 있었다. 그렇게 아름다운 밤하늘은 본 적이 없었다. 옆에서 에두아르는 길을 찾느라 정신이 없었다.

"여기 우리 벌써 세 번째 돌고 있는 거 같아. 아휴, 미치겠네. 내가 어떡하다 길을 잃었지? 말도 안 돼! 주영, 우리 오늘 여기서 밤새워야 할지도 모르니까 마음의 각오 단단히 하고 있어. 길을 잃더라도 밤새도록 걸어야 해. 잘못하면 늑대한테 잡아먹힐 수도 있어."

하늘에서는 별이 쏟아지고 내 옆에는 에두아르가 있었다. 나는 하나도 무섭지 않았다.

---

1   랠리(Rally)는 일반 공공도로에서 장거리, 장시간에 걸쳐 실시하는 자동차 경주의 한 형태이다.

GREECE

테살로니키

멀티링구얼의 외국어 사용법

에두아르가 여름방학 여행 후보지 리스트를 들고 왔다. 늘 이전 여행의 여독이 채 풀리지 않은 채 또다시 리스트를 들여다봐야 하는 것이 달갑지 않았다. 그런데 그 안에 그리스가 있었다. 그리스! 그리스는 예전부터 늘 가고 싶었다. 가보고 싶었던 곳인 만큼 제대로 즐거운 여행을 하고 싶었다.

여행하게 될 곳에 대한 역사 기타 등등은 에두아르가 신물 나게 설명해줄 테니 따로 공부하지 않아도 된다. 여행의 최고 묘미라면 다른 문화에서 생활하는 현지인과의 만남이 아닐까? 에두아르와 내가 합쳐서 할 수 있는 언어는 한국어, 일본어, 프랑스어, 이탈리아어, 독일어, 영어다. 이 정도 언어를 구사할 수 있으면 여행하는 데 언어로 인한 큰 불편은 없다. 그동안은 이 언어들을 섞어 쓰면 현지인과 대화가 가능한 곳으로 여행을 다녔다.

처음으로 두 사람 모두 언어의 장벽에 부딪힐 수 있는 곳으로 가는 여행이었다. 에두아르는 고대 그리스어를 가르치지만 현대 그리스어는 잘하지 못한다. 그리스어를 몇 마디만 할 수 있어도 더 즐거운 여행이 될 수 있을 것 같았다. 그렇다고 그리스어를 본격적으로 공부할 마음은 없었다. 어쩔 수 없이 여러 나라의 언어를 공부해야 했던 나는 잘 안다. 언어를 공부하는 일이 얼마나 고행인지. 여행 한 번 즐겁게 하자고 고행까지 할 마음은 없었다. 문법이고 뭐고 다 필요 없이 여행에 필요한 문장을 모아놓은 여행자용 책으로 간단한 그리스어 회화를 공부하고 싶었다. 책을 찾기 위해 에두아르의 책장으로 갔다.

나는 글을 쓰는 데 필요한 책이 있을 때 책을 사러 서점에 가거나 도서관에 간 기억이 별로 없다. 에두아르의 책장 안에서 다 해결할 수 있었다. 그런데 그때는 좀 실망스러웠다. 두꺼운 현대 그리스어 문법책만 있고 손안에 쏙 들어오는 판형의 여행자용 회화책은 없었다. 즐겁자고 고행까지 할 마음은 없는 나와는 달리 즐겁자고 죽자 덤비는 에두아르다웠다. 책을 살까 하다가 소장하고 싶은 책도 아니라 도서관에서 빌리기로 했다.

나는 오래전부터 도서관에서 책을 빌려 읽는 것을 꺼려왔다. 출판물은 작가의 지적 재산이다. 남의 재산을 아무리 합법적 방법이라 해도 공짜로 사용하는 것에 마음 한켠이 불편했다. 프랑스에서는 도서관에서 책을 빌려 읽어도 마음이 불편하지 않다. 프랑스는 도서관 '공공대출권 제도'[1]를 시행하는 나라 중 하나다. 도서관에서 책이나 음반이 대출되면 일정 부분의 저작권료가 저작자에게 전달된다. 도서관에서 책을 많이 빌려볼수록 작가에게도 혜택이 돌아가니 마음 편히 빌려 볼 수 있다.

그리스 여행의 일정은 둘이 같이 짜기로 했다. 귀찮다는 이유로 매번 무쇠 체력 에두아르에게 여행 일정 짜는 일을 맡겼더니 내가 피곤해서 살 수가 없었다.

에두아르는 먼저 복잡한 아테네 공항을 피해 그리스 제2의 도시 테살로니키 공항으로 입국하자고 했다. 오케이. 테살로니키에서는 삼박사일 정도 머물며 도시 구석구석의 문화유산을 꼼꼼히 방문하자. 오케이. 다음 이틀간 델포이를 방문하자. 대부분 관광객이 반나절 정도 머무는 델포이에 왜 이틀씩이나 있어야 하는데? 그야 델포이니까. 이틀 동안 낮에는 델포이에서 아침과 저녁에는 더위를 피해 근처 산골 마을 아라호바에서 보내자. 나쁘지 않네. 그다음 바로 올림피아를 거쳐 아테네로 가자. 뭐라고? 신탁으로 유명한 아폴론 신전이 있는 '세상의 배꼽'이라 불리는 고대도시 델포이를 거쳐 수많은 신전과 기원전 776년부터 거행된 올림픽 경기장 유적이 남아 있는 올림피아에 갔다가 곧바로 플라톤, 아리스토텔레스, 소크라테스, 소포클레스 같은 12세 이상의 지구인이라면 누구나 한 번쯤 들어봤을 주인공들이 살았던 서구 문명의 요람 아테네에 가자고? 그건 여행 내내 하루도 쉬지 않고 에두아르 선생의 역사 강의를 고막이 닳도록 들어야 한다는 거? 나도 그리스 문명에 대해 알고 싶긴 하지만 며칠씩 연달아 아침저녁으로 강의를 들으면서까지 알고 싶지는 않다. 그 세 도시를 방문하는 사이에 쉴 틈을 끼워 넣는 게 좋겠어. 그래 좋아. 이렇게 순순히 인정한다고? 도대체 얼마나 떠들 작정인 건가? 우리는 델포이와 올림피아 사이에 이테아라는 해변 마을에서 이틀간 해수욕을 하며 푹 쉬기로 합의했다. 에두아르는 호텔 예약 완료 후에 온갖 책들을 읽고 또 사들였다.

우리는 밤늦게 테살로니키에 도착했다. 테살로니키는 기원전 315년 마케도니아의 카산드로스 왕에 의해 건설되어 마케도니아 왕국에서 가장 중요한 도시로 부상한 곳이다. 지리적으로 무역하기에 딱 좋은 곳에 자리한 이 항구 도시는 기원전 168년 마케도니아 왕국이 망한 후에도 로마 속주 마케도니아의 수도로 상업의 중심지이자 전략적 요충지 역할을 했다.

사람이든 도시든 뭐든 중심이 되고 주목받게 되면 주위에서 가만히 놔두지 않는다. 테살로니키는 2000년 넘게 로마제국, 비잔티움제국, 오스만제국의 지배를 받다가 1913년이 되어서야 그리스 영토가 되었다. 이래저래 남의 간섭을 받다 보면 정체성이 흔들려 혼란스러워진다. 대신 그 혼란스러움을 잘 소화하면 시간이 흘렀을 때 긍정적인 결과를 얻기도 한다. 테살로니키가 관광지로서 주목받는 이유는 2000년 동안 다른 나라의 지배를 받은 여러 흔적을 '다양성의 혼재'라는 형태로 잘 보존했기 때문이다. 테살로니키는 로마제국, 비잔티움제국, 오스만제국 시절의 유적들을 한꺼번에 볼 수 있는 대도시이다.

테살로니키 시내 풍경

다양성이 혼재하는 테살로니키에도 극단적으로 눈에 많이 띄는 몇 가지가 있었다. 제일 먼저 눈에 들어온 것은 아이스커피였다. 아침부터 늦은 밤까지 어딜 가나 사람들 손에는 아이스커피가 들려 있었다. 그 이유는 금방 알게 되었다. '프레도 카푸치노'와 '프레도 에스프레소'라 부르는 그리스의 아이스커피는 정말 맛있었다. 그때까지 마셔본 아이스커피 중 으뜸이었다.

다음으로 도시 곳곳에 크고 작은 서점이 엄청 많았다. 서구 문명의 출발지인 그리스에서 나고 자란 사람들답게 책을 많이 읽는 모양이었다. 테살로니키는 2004년부터 매년 5월 국제도서전이 열리는 곳이기도 하다. 에두아르는 서점을 볼 때마다 그냥 지나치지 못하는데, 나 역시 어디서든 서점을 보면 그 존재만으로 기분이 좋아진다. 그런 면에서 테살로니키는 하루에도 몇 번씩 기분이 좋아질 수 있는 곳이었다.

그다음으로 많이 볼 수 있는 것은 거리에 버려진 개들이었다. 사나워 보이지는 않아도 개를 무서워하는 사람에게는 공포의 도시가 될 수 있을 만큼 도시 전체에 개들이 어슬렁거렸다. 애견가인 나는 개들의 영양 상태가 나쁜 것 같아 마음이 좋지 않았다.

　우리는 현지인들처럼 아침부터 프레도 에스프레소를 한 잔씩 들고 도시 북동쪽 끝 언덕에 있는 헵타피르기온으로 향했다. 언덕을 오르며 간간이 뒤돌아보면 에게해의 테르마이코스만灣 해안선이 시원하게 펼쳐진 기분 좋은 풍경을 볼 수 있었다. 헵타피르기온은 '일곱 개의 탑이 있는 요새'라는 뜻인데 실제로는 열 개의 탑이 있었다. 비잔티움제국 시대부터 오스만제국 시대에 이르기까지 요새로 사용되었던 건물 외벽에서 각 제국의 흔적을 쉽게 찾아볼 수 있었다. 요새는 19세기 말에 개조되어 1989년까지 감옥으로 사용되었는데, 맞아도 싼 성범죄자들부터 억울한 누명을 쓴 정치범들까지 짬뽕으로 가둬 놓고 극악무도하게 고문하고 괴롭혀 악명이 자자한 곳이었다.

　아침나절을 넓은 요새에서 보내고 언덕에서 조금 내려와 발길이 닿은 곳은 라토무 수도원 성당이었다. 5세기 말 비잔티움제국 시대에 '카톨리콘'[2]으로 지어진 성당은 1430년 오스만제국이 도시를 정복하면서 모스크[3]로 개조되었다가 1921년부터 다시 카톨리콘의 모습을 되찾았다고 한다. 아주 작은 수도원 성당은 상주하는 가이드를 동반해서 하루에 몇 번 단체로만 입장할 수 있었다. 마침 우리 말고도 프랑스와 영국에서 온

헵타피르기온으로 가는 길

다른 관광객들이 있어 기다리지 않고 바로 들어갈 수 있었다. 가이드는 영어와 프랑스어를 번갈아 사용하며 설명했다. 영어와 프랑스어 모두 완벽했다. 코딱지만 한 크기의 성당이지만 내부의 모자이크와 프레스코 장식은 그 어느 성당에서 본 것보다 아름다웠다.

성당 안내를 마친 가이드는 바로 성당 문을 열쇠로 잠그며 모두에게 인사를 한 후 성당 앞 테라스에 앉아 다음 손님을 기다렸다. 에두아르는 은근슬쩍 가이드 옆에 앉아 말을 걸었다. 조금 전 가이드의 완벽한 프랑스어를 들었음에도 굳이 그리스어로 말을 했다. 그동안 갈고닦은 현대 그리스어로 말이 하고 싶어서 입이 근질근질한 모양이었다.

여행 회화 몇 마디 외워간 주제에 할 소리는 아니었지만 에두아르의 그리스어 발음은 누가 들어도 후졌다. 에두아르의 질문에 가이드는 프랑스어로 답했다. 나는 픕 하고 웃고 말았다. 대화의 시작은 테살로니키에 관한 것이었다. 이야기가 점점 개인사로 옮겨갔다. 눈매가 선한 남자 가이드는 테살로니키에서 태어나 대학까지 다녔다고 했다. 일 때문에 아테네에서 살다가 고향 테살로니키가 너무 그리워 일을 그만두고 귀향했다고 했다. 그는 성당에서 일하면서 아시아 사람은 거의 본 적이 없다며 내게 관심을 보였다. 나는 여행자용 회화책에서 외워둔 그리스어로 답했다.

"이메 꼬레아띠스(나는 한국인입니다)."

남자는 내 발음을 금세 알아들었다. 에두아르는 '어쭈구리?' 하는 시선으로 나를 바라봤다. 그러곤 자신의 그리스어 수준으로는 이야기를 나눌 수 없다는 걸 알았는지 프랑스어로 편하게 말하기 시작했다. 우리는 눈부신 햇살로 가득한 성당 앞 테라스에 앉아 세상 사는 이야기를 나누다 성당에서 나왔다.

이어서 갈레리우스 개선문과 로툰다로 향했다. 라토무 수도원 성당에서 개선문까지는 한눈만 팔지 않으면 천천히 걸어도 십오 분밖에 걸리지 않는 거리지만 우리는 네 시간 정도 걸렸던 것 같다. 수도원 성당 옆에 있는 14세기 비잔티움제국 시대 후기에 지어진 세계문화유산 블라타돈 수도원에 잠깐 들렀고, 너무 더워서 입맛이 없었던 우리는 아이스 카푸치노를 한잔 마시는 것으로 점심을 때웠다. 그 나머지 시간은 모두 서점에서 보내느라 십오 분 거리의 개선문까지 네 시간이나 걸린 것이었다.

에두아르는 세 곳의 서점에서 평균 사십 분씩 보냈다. 책을 보고 고르고 사는 것보다 서점 주인과 이야기를 나누는 시간이 더 길었다. 에두아르는 서점 직원들에게 매번 그리스어로 말을 걸었다. 그들은 모두 유창한 영어나 프랑스어로 답했다. 그리스에 도착해서 만난 현지인 중에 영어를 못하는 사람은 단 한 명도 없었다. 프랑스어와 스페인어를 잘하는 사람도 많았다. 그리스에서는 대체 어떻게 언어교육을 하기에 모두가 그렇게 외국어를 잘하는지 궁금했다.

갈레리우스 개선문은 4세기 로마가 페르시아와의 전쟁에서 승리한 것을 기념하기 위해 로마 황제 갈레리우스가 세웠다. 에두아르는 개선문의 복잡하게 조각된 부조에서 로마의 갈레리우스 황제와 페르시아 사산 왕조의 나르세스 1세가 맞장뜨는 부분을 귀신같이 찾아내 한참 설명했다. 개선문 옆으로 로마의 판테온과 비슷하게 생긴 원형 건물이 보였다. 로툰다였다. 갈레리우스 개선문과 같은 시기인 4세기 초에 지어진 그 건물은 갈레리우스가 자신의 무덤으로 사용하려고 만든 것이었다. 나는 갑자기 "제가 제 무덤 판다"는 우리 속담이 떠올라 웃음이 났다. 내가 웃는 이유를 설명하자 에두아르는 갈레

갈레리우스 개선문(왼쪽)과 로툰다(오른쪽)

개선문의 부조 photo by 에두아르

리우스 황제가 딱히 바보 같은 짓은 안 했다고 진지하게 답했다. 웃자고 한 소리에 죽자고 덤볐다.

여기저기를 둘러보는 사이 벌써 날이 저물고 있었다. 프랑스보다 지구 남쪽에 자리한 그리스의 여름밤은 프랑스보다 두 시간 정도 일찍 시작되었다. 호텔 근처에 엄청 큰 식당가가 있었다. 넓은 테라스에 현지인들로 붐비는 레스토랑이 있어 들어갔다. 식당 테라스는 오가는 그리스어로 시끌벅적했다. 진짜 현지 맛집인 것 같았다. 테이블 사이로 직원 여러 명이 쉴 새 없이 오가며 주문을 받고 음식을 날랐다. 직원들 얼굴에 '나 정신없음'이라고 쓰여 있었다. 나도 덩달아 정신이 없었다. 조용하고 편안한 식사는 힘들어도 맛있는 식사는 할 수 있을 듯했다. 오십 대 후반으로 보이는 남자 직원이 다가왔다. 남자는 바빠서인지 웃음기 없는 얼굴로 기계적으로 주문을 받고 얼른 다른 테이블로 갔다.

에두아르는 가방에서 책 한 권을 꺼내 그리스어로 소리내어 읽기 시작했다. 그리스 시인 야니스 리초스의 《봄의 교향곡》이라는 시집이었다. 얼핏 보니 그리스어와 프랑스어가 병기돼 있었다.

"속으로 읽어. 네 발음 정말 이상해. 듣기 싫어."

에두아르는 아랑곳하지 않고 계속 소리내어 읽었다. 주문을 받았던 남자 직원이 우리가 주문한 전채요리 올리브절임과 자지키[4], 돌마데스[5]를 들고 왔다. 에두아르는 갑자기 목소리를 높여 시를 읽었다. 무표정했던 직원이 우리에게 관심을 보이며 말했다.

"야니스 리초스!"

직원이 반응하자 에두아르는 얼른 시집을 남자에게 내밀었다.

"이 시 낭독 좀 해주실래요? 제 발음이 좋지 않아 제 부인이 듣기 싫다고 해서요."

정말 에두아르에게는 눈치라는 것이 일도 없는 것일까? 정신없이 바쁜 사람한테 어떻게 그런 부탁을 한단 말인가. 직원은 주위를 잠깐 둘러보더니 바로 시를 낭독했다.

한마디도 못 알아들었지만 좋은 발음으로 시 낭독을 들으니 역시 느낌이 달랐다. 에두아르는 기회를 놓치지 않고 잽싸게 그리스어로 뭐라고 말했다. 두 남자는 잠깐 그리스어로 대화했다. 그리스에 와서 처음으로 에두아르의 그리스어에 그리스어로 답하는 사람이었다. 에두아르는 기분이 좋을 때 유난

자지키(위)와 돌마데스(아래)

히 콧구멍 평수가 넓어지는데, 그때도 어김없이 그랬다. 정신 없이 바쁜 남자는 잠시 후에 본식을 가지고 오겠다며 서둘러 다른 테이블로 갔다. 무슨 이야기를 나누었냐고 물으니 야니스 리초스와 그리스 군부독재 정권에 관한 이야기를 나누었다고 했다. 짧은 시간에 그런 대화를 했다니. 두 명 다 무척 함축적인 언어를 사용한 모양이었다.

20세기 중후반 그리스는 우리나라와 마찬가지로 군부독재에 저항해온 역사가 있다. 그리스를 대표하는 시인 야니스 리초스는 1936년 5월 테살로니키에서 있었던 담배공장 노동자들의 대규모 파업과 시위에서 타소스 투시스라는 스물다섯 살의 청년이 과격한 시위 진압 과정에서 사살된 것에 큰 충격을 받아 〈에피타피오스〉[6]라는 시를 발표했다. 그 시가 그리스 대중에게 널리 퍼지자 독재자 요안니스 메탁사스 정권은 시집 《에피타피오스》를 아테네의 아크로폴리스에서 공개적으로 소각했다. 그 사건 이후 시인은 초현실주의 예술 세계로 전향하는데, 에두아르가 프랑스에서부터 들고 온 시집 《봄의 교향곡》은 그 무렵에 발표한 시집이다.

에두아르는 이야기를 들려주며 분노하는가 싶더니, 마지막에 가선 본인이 현대 그리스어로 현지인과 대화를 한 것에 무척 만족하는 눈치였다.

나는 그때까지 그리스의 현대사에 관심도 지식도 없었을 뿐더러 야니스 리초스라는 시인의 이름조차 들어본 적이 없었다. 현지인과 대화를 나누고 싶다고 여행 회화 몇 마디 달랑 외워온 나는 그 나라를 대표하는 시인의 시집을 준비해온 에두아르의 그리스어 발음을 구박할 주제가 못 되었다.

어쩌다 멀티링구얼이 되었고 조금이나마 언어학을 공부한 나는 어떤 언어에 능숙해지는 것에 대해 오랫동안 생각해왔다. 사람들은 언어학습의 기본을 문법과 어휘, 문화를 아는 것이라고 말한다. 그것들만 잘 알면 언어를 마스터했다고 생각한다. 나는 언어의 기본은 '상식'이라고 생각한다. 아무리 어떤 언어에 능숙하더라도 대화의 주제에 대해 아는 게 없으면 입을 다물고 있어야 하기 때문이다. 할 말이 없어 입 다물고 있을 거면 언어는 공부해서 뭐하는가? 말을 아무리 잘하면 뭐하는가? 할 말이 없는데.

한국의 기러기 부모들을 볼 때마다 정말 안쓰럽게 느껴지는 부분이 바로 이런 것이다. 그들은 아이들에게 영어라는 언어만 가르치려 든다. 아이가 영어로 어떤 주제의 대화를 나눌 수 있을지에 대해서는 무관심하다. 상식이 없다면 언어학습은 무용지물이다. 이런 생각을 오래전부터 해왔던 내가 에두아르의 그리스어 실력을 얕본 것이 창피해지는 순간이었다. 그리고 다시 한번 나 자신에게 질문하게 되었다. 나는 과연 한국어를 잘할까?

무뚝뚝했던 직원은 틈틈이 우리가 음식을 잘 먹고 있는지 살갑게 챙겼다. 식사를 마친 후 계산서를 부탁하자 계산서와 함께 주문하지도 않은 '치포로'라는 그리스 전통 브랜디를 가져왔다. 우리에게 주는 작은 선물이라고 했다. 우리 둘 다 알코올 도수가 높은 술을 잘 마시지 못하지만 기분 좋게 잔을 부딪쳤다.

"야니스 리초스를 위하여!"

그리고 원샷!

다음날 우리는 테살로니키 해변의 심볼, 영어로는 '화이트 타워'라 불리는 레프코스 피르고스[7]를 시작으로 아야 소피아 사원, 아요스 디미트리오스 성당 등 비잔틴 양식의 세계문화유산들과 15세기 오스만제국의 술탄[8] 무라트 2세에 의해 지어진 베이 하맘이라는 테살로니키 최초의 터키식 대중목욕탕을 둘러본 후 전날 저녁을 먹은 식당으로 갔다. 전날 밤 그 직원이 우리를 반갑게 맞아주었다.

테살로니키에서의 마지막 날이었다. 이튿날 델포이 방문을 위해 아라호바에 예약해둔 호텔로 가야 했다. 그날부터 아테네까지는 자동차로 움직이며 일정에 있던 곳 이외에도 중간중간 작은 마을을 둘러볼 생각이었다. 렌터카 사무실로 향했다. 차를 빌리는 데는 십 분도 채 걸리지 않았지만 에두아르는 좀처럼 자리를 떠나지 않았다. 직원과 수다 삼매경에 빠졌다.

나는 그들의 대화에 관심이 없었다. 짜증이 났다. 어딜 가나 사람들과 이야기를 시작하면 시간 가는 줄 모르고 수다를 떨어대는 에두아르가 정말 마음에 들지 않았다. 사실 에두아르뿐 아니라 내가 아는 프랑스인 대부분이 말이 많다. 나는 말이 많은 사람, 특히 말 많은 남자를 엄청 싫어했는데 어쩌다 이렇게 말 많은 남자와 결혼해서 말 많은 사람들이 무지하게 많은 프랑스에서 살게 된 걸까? 나는 가끔 그들의 입을 실로 꿰매버리는 가학적인 상상을 한다.

스트레스는 사람을 잔인하게 만든다. 그때도 나는 에두아르의 입을 미싱질하는 상상을 하고 있었다. 더 잔인해지지 않으려면 그들의 수다를 내가 직접 끊어야 했다. 두 사람은 영어와 그리스어를 섞어 이야기하고 있었다. 외국어에 능숙한 그리스인들이니 만약 내가 프랑스어나 이탈리아어로 "입 다물고 그만 가자"고 하면 알아들을 수도 있었다. 그러면 분위기가 머쓱해질 텐데 나는 또 어색한 분위기를 견디는 데 취약하다. 그래서 직원이 절대 못 알아들을 한국어로 말했다.

"그만! 시끄럽고!"

두 단어는 에두아르가 내 입을 통해 반복 학습하며 익힌 한국어이다. 대화의 쌍방이 사용하는 언어에 현격한 수준 차이가 있을 때는 하고 싶은 말을 함축적으로 짧게 할수록 그 의미가 더 잘 통한다. 내가 뱉은 짧은 한국말에 함축된 의미는 '우리는 시간이 많지 않다. 아라호바로 가는 길에 '메테오라'[9]에 들르기로 하지 않았느냐? 여기서 시간을 보내면 오늘 일정이 엉망이 될 수 있지 않냐. 그만 대화를 마무리하고 여기서 빨리 나가야 한다. '침묵은 금'이라는 말도 모르냐. 입 좀 그만 다물어라, 이 수다쟁이야!'였는데, 에두아르는 그중 핵심인 '여기서 빨리 나가야 한다'를 알아들은 눈치였다. 에두아르는 알아들었다는 눈짓을 하며 대화를 마무리하려 했지만, 눈치 없는 직원이 말을 계속했다. 결국에 우리는 직원이 말을 멈추기를 삼십 분 정도 더 기다린 후에 사무실에서 나왔다.

에두아르는 직원이 말이 너무 많다며 험담을 했다. 나는 외워두었던 그리스어로 소리쳤다.

"그노티 세아우톤(너 자신을 알라)!"

기분이 상할 만도 한데 에두아르는 오히려 기분이 좋은 듯 웃었다. 단지 내가 그리스어로 말해서였다. 나는 가끔 그가 진짜 '또라이'일지도 모른다고 생각한다. 사무실에서 나온 지 얼마 되지 않아 서점을 발견한 에두아르는 홀린 듯 서점 안으로 빨려 들어갔다. 웬만큼 인내심이 있지 않고서야 이 남자와 사는 거 정말 힘들다.

결국 '메테오라'에는 근처도 못 가게 되었다. 에두아르가 렌터카 사무실 근처 서점에서 시간을 보내는 바람에 출발 전에 이미 점심때가 되었다. 테살로니키에서 이른 점심을 먹기로 했다. 식사 시간을 줄이기 위해 간단하게 그리스식 샌드위치 '이로스'를 먹었다. 점심을 먹자마자 에두아르는 그리스의 지역별 지도를 사기 위해 이곳저곳 마구 돌아다녔다. 에두아르는 렌터카 내비게이션 옵션을 굳이 마다했다. 에두아르가 내비게이션을 싫어하는 이유는 가장 빨리 목적지에 도착할 수 있는 길만 가르쳐주기 때문이다. 그는 멋대가리 없는 고속도로를 타고 달리면 여행지의 풍경을 제대로 볼 수 없다며 렌터카에 내비게이션을 다는 사람들을 도통 이해할 수 없다고 말한다.

내비게이션의 등장으로 아무도 거들떠보지 않게 된 지도는 생각보다 구하기 힘들었다. 겨우 지도를 손에 넣었을 때는 이미 오후 두 시였다. 테살로니키에서 메테오라까지는 적어도 세 시간은 쉬지 않고 달려가야 했다. 메테오라에 아직 남아 있는 여섯 개의 수도원은 하절기에도 다섯 시 반이면 문을 닫는다. 가이드북에 실린 사진을 보고 한눈에 반해버린 곳인데 수다쟁이에 고집쟁이 에두아르 때문에 기회를 놓쳤다.

테살로니키를 출발한 지 일곱 시간이 지났지만 우리는 아라호바가 아닌 암피사라는 마을에 있었다. 테살로니키에서 아라호바까지는 다섯 시간이면 도착하고 남을 거리였다. 중간에 작은 마을에 잠깐씩 내리기도 했고 몇 번씩 길을 잘못 들기도 했다. 앞으로 정신을 똑바로 차리지 않으면 호텔 레스토랑에 예약해둔 저녁을 먹지 못할 수도 있었다.

신호대기에 걸릴 때마다 지도를 들여다보던 에두아르도 슬슬 불안한 모양이었다. 거리에 지나가는 사람이 보이면 바로 차창을 열고 길을 물었다. 발음이 문제인지 문법이 엉망인지 그 둘을 다 합친 총체적 문제인지 알 수 없지만 에두아르가 하는 말을 알아듣는 그리스인이 없었다. 나는 보다 못해 "그냥 영어로 물어!" 소리를 질렀다.

다음 신호대기에서 마침 산책 중인 듯한 두 여자가 보였다. 에두아르는 또 차창을 열었다. 고집쟁이 에두아르는 내 충고를 뭉개버리고 또다시 개떡 같은 발음으로 떠듬거렸다.

"빠라깔로, 텔로 나로티소 버버 버버벅 아라호바 어쩌구리 저쩌구리…?"

모녀로 보이는 두 여자는 얼른 우리 차 옆으로 다가왔지만, 그가 뭐라고 하는지 알아듣지 못해서 답답해하는 눈치였다. 내가 나섰다. 그런 상황에선 미안하고 실례하고 자시고 다 필요 없다. 그냥 다짜고짜 함축적인 한마디면 된다.

"아라호바!"

내 말을 단번에 알아들은 두 여자는 얼른 영어로 방향을 알려주며 신호가 바뀌어 떠나는 우리에게 손을 흔들었다. 나는 창밖으로 얼굴을 내밀어 그리스어로 소리쳤다.

"에프카리스토(감사합니다)!"

사이드미러 속 모녀가 활짝 웃으며 우리에게 손을 흔들었
다.

314

1   공공대출권 제도는 도서관에서 소장하고 있는 도서나 음반을 공중에게 대출하는 것을 허용하는 경우 저작자에게 그 대출에 대해 보상하는 제도이다. 도서나 음반이 도서관에서 대출되는 만큼 저작자는 판매 기회를 잃어 재산적 손실을 보게 되므로 보상금을 지급해야 한다는 개념에서 비롯되었다. 이 제도는 1946년에 덴마크에서 최초로 시작했으며 현재는 전 세계 33개국에서 시행하고 있다. 최근 아시아권 나라 최초로 홍콩 정부에서 '공공대출권' 도입에 합의했다.

2   카톨리콘(katholikon)은 동방정교회의 수도원 또는 교구의 주요한 성당 건물을 가리킨다. 카톨리콘이라는 단어는 영어로 '대성당'으로 번역되기도 하는데, 서방 기독교와 달리 동방정교회의 한 교구에는 한 개 이상의 대성당이 있을 수 있다. 동방정교회는 비잔티움제국의 그리스도 교회로 로마 가톨릭, 프로테스탄트와 함께 그리스도교의 3대 분파 중 하나이다.

3   모스크(mosque)는 이슬람교의 예배당을 말한다. 아랍어의 '마스지드'에서 유래했는데, 그 의미는 '이마를 땅에 대고 절하는 곳'이다.

4   자지키(tzatziki)는 그릭 요거트에 오이, 마늘, 딜 등을 다져 넣은 전채요리로 한국에서는 '차지키'라고 발음하는 경우가 많다.

5   돌마데스(dolmades)는 쌀에 다진고기나 야채 등을 넣어 포도잎에 싸서 찐 음식이다. 차갑게 먹으며 신맛이 강하다. '돌마'는 '~으로 채워졌다'는 뜻의 오스만어에서 기원했다.

6   에피타피오스(epitaphios)는 고대 그리스에서의 장례식 추도문 또는 비문을 뜻한다. 단어 자체의 의미는 '무덤 위에'이다.

7   레프코스 피르고스는 12세기 비잔티움제국 시대에 세워진 탑으로 오스만제국 시대에 개축하여, 처음에는 요새로 나중에는 감옥으로 사용되었다. 현재 탑 안에는 테살로니키의 역사를 전시하는 박물관이 있다.

8   술탄(sultan)은 이슬람 국가에서 군주를 가리키는 말이다. 아랍어로 '왕, 지배자, 권위, 권력'을 뜻한다.

9   메테오라(Meteora)는 그리스 중북부 테살리아 평야 북서쪽 끝에 자리한 자연 사암 바위 언덕에 건설된 수도원 공동체의 총칭이다. 역사적으로 서른 개의 수도원이 있었다고 하나 현재는 여섯 개의 수도원만이 남아 있다. 이곳의

바위 봉우리는 6000만여 년 전에 형성된 것으로 풍화 작용과 지진으로 인해 뾰족한 봉우리 형태를 하고 있다. 이러한 지형적 특징과 그리스 정교회 수도원 문화의 가치가 높아 1988년 유네스코 세계문화유산에 등재되었다.

SWITZER-
LAND

베른

세 번의 결혼식과 도덕성 논쟁

모든 성인의 대축일방학이었다. 프랑스의 방학은 여름방학과 겨울방학을 제외한 모든 방학이 기독교 축일과 관련 있다. 종교의 자유가 있고 서유럽 국가 중 무슬림 인구가 가장 많은 프랑스가 기독교 축일을 구실삼아 꼬박꼬박 방학을 챙기는 건 정말 이상해 보인다. 프랑스는 학교 방학이 지나치게 잦고 길다는 내 지적에 에두아르는 동감하며 맞장구를 치면서도 적극적인 반응은 보이지 않는다. 평소의 에두아르라면 교육부에 편지를 쓰고 신문이나 잡지에 관련된 글을 투고하는 등 여기저기 쑤시고 다니며 법석대야 하는데 그러지 않는다. 그도 어쩔 수 없이 프랑스인이다. 놀고 싶은 게다.

　방학이 시작되자마자 에두아르는 학부모 몇 명에게 항의 메일을 받았다. 에두아르가 방학 숙제를 내준 것이 원인이었다. 항의 메일의 주된 내용은 방학 동안 아이들은 학습이라는 스트레스에서 벗어나 심신을 쉬게 해야 한다는 것이었다. 맞는 말이었다. 하지만 에두아르가 내준 방학 숙제는 방학 내내 하루도 빠짐없이 싸돌아다니거나 아무것도 하지 않고 뒹굴뒹굴 뭉개고 비비대지 않는다면 충분히 하고도 남을 만큼의 양이었다. 공식적으로 일 년에 사 개월, 국경일과 이런저런 이유로 휴강하는 것을 다 합치면 사실상 오 개월이나 방학인데 그긴 방학 기간 내내 아이들이 학습에서 완전히 벗어나야 한다는 것인가?

　항의 메일을 받은 게 처음이 아닌 에두아르는 태연했다. 옆에서 보고 있는 나는 화가 났다. 에두아르는 평소에도 숙제를 많이 내주고 채점을 엄하게 한다는 이유로 항의 메일을 가끔받았다. 선생이 숙제를 많이 내준다고 난리 치고 아이들을 꼼꼼히 살핀다고 항의하는 학부모는 프랑스에서 처음 봤다.

　에두아르가 내주는 숙제는 정답이 없는 논술형이다. 학생

은 본인의 생각을 논거를 들어 논리적으로 정리해 설득시켜야
한다. 정답이 없기 때문에 논술형 숙제는 그것을 평가하는 선
생에게도 쉬운 일이 아니다. 꼼꼼히 읽고 객관적이고 합리적
인 점수를 줘야 하니 채점하는 데 많은 시간이 든다. 선생 입장
에서는 숙제를 적게 내주는 것이 일을 줄이는 방법이다. 문법
적 오류나 틀린 철자법 하나하나를 잡아주지 않고 적당히 채
점하면 일은 반으로 준다. 한국처럼 사교육이 발달한 것도 아
니고 학교 교육이 주 교육인 프랑스에서 학교 선생이 아이들
을 열심히 지도한다고 난리를 치다니. 적응이 안 되었다.

　프랑스는 교육비에 국가 예산을 가장 많이 사용한다. 교육
열이 대단히 높은 나라이다. 초중고등 교육과정에서 고등학교
졸업시험 이외에는 시험이 따로 없는 프랑스의 학교에서는 각
과목의 선생들이 내주는 숙제의 결과가 성적이 된다. 객관식
문제는 아예 존재하지도 않는데 부모들은 그 모든 숙제를 세
세히 체크한다. 아이의 학습능력 등에 문제가 있다고 생각되
면 교사나 부모가 면담을 요청해 문제점을 찾아내려 애쓴다.
면담은 아주 빈번히 이뤄진다. 교사와 부모 모두 아이에게 높
은 관심이 없으면 있을 수 없는 일이다.

　교육열이라면 한국만 한 곳이 없다. 다만 프랑스와 한국 두 나라의 교육열은 상당히 다른 형태로 나타난다. 교육관의 차이에서 오는 다름이다. 한국 학부모들의 교육열은 광적이다. 그들은 미치고 싶어 미친 게 아니라 미칠 수밖에 없어 미쳤다며 교육제도를 탓하지만, 내 생각에는 어떤 교육제도를 들이대도 한국 학부모의 광기는 식지 않을 것 같다. 한국에서는 어떤 부동산 제도를 시도해도 성공하지 못하는 것처럼 말이다. 제도를 바꾸기 전에 학부모들의 가치관부터 바꿔야 할 것이다. 그런데 무슨 수로 말인가?

　소설 《82년생 김지영》이 한국 사회에 페미니즘이라는 공동이슈를 제공한 것처럼 사회 변화에 큰 영향을 주는 문학 작품들이 있다. 문학이 집단 가치관 변화에 도움이 되지 않을까 희망해 보지만 역시 쉽지 않은 일이다. 한국인들은 커피값은 쉽게 쓰지만 책값에는 무척 인색하다. 결혼 초에 에두아르는 내가 가지고 있던 한국 책들의 상대적으로 저렴한 가격에 놀라는 눈치였다. 한국에서는 책을 쉽게 사볼 수 있겠다며 부러워했다. 한국은 내가 살아온 일본, 이탈리아, 프랑스 중에 책값이 가장 싼 나라이자 책이 가장 안 팔리는 나라이다.

한국 학부모의 교육관에 변화를 주기가 힘들다면 제도라도 잘 만들어야 하는데 한국의 교육제도와 방식에는 문제가 많은 게 사실이다. 한국의 주입식 교육에서 가장 큰 문제점은 항상 정답이 존재한다는 것이라 생각한다. 정답의 반대말은 오답이다. 내 의견이 정답이라 믿으면 나와 다른 의견은 오답이라 생각하기 마련이다. '정답이냐 오답이냐 그것이 문제로다' 식으로 생각하다 보면 사람은 극단적이고 척박해진다.

세상에 정답이 있는 일이 얼마나 되는가? 정답을 찾지 못하면 쉽게 혼란을 겪게 된다. 또 치열한 경쟁 구도는 불행히도 권위주의로 나타나는 것 같다. 경쟁에서 이긴 사람은 다른 사람보다 우월하다 믿게 되고 그 믿음은 권위적인 태도로 나타난다. 이것이 물질만능주의와 결합하면 갑질로 나타나게 되는 것이다. 그렇다고 프랑스의 교육제도와 학부모의 교육관에 대해 완전히 긍정하지는 않는다. 프랑스의 논거와 논리를 강조하는 교육은 생각의 폭을 넓히고 명확하게 사고할 수 있는 능력을 키워주지만 수많은 독불장군을 탄생시키는 부작용도 있다. 논거와 논리로 생각하고 판단하다 보면 사람은 자신의 의견을 굽히려 들지 않고 잘못을 쉽게 인정하지 않는 경향을 보인다. 처음 유럽에 살기 시작하면서 유럽인들은 '미안하다'는 한마디면 될 것을 왜 매번 변명부터 하는지, 왜 매번 핑계부터 늘어놓는지 정말 궁금했다. 내 눈에 '변명과 핑계'로 보였던 것이 그들에게는 '논거'였던 것이다. 논거를 들어 논리적으로 설득하는 것이 학습을 통해 습관화된 그들은 자기 합리화에 익숙한데, 내게는 그 모습이 그저 뻔뻔하게 느껴질 때가 많다.

방학 동안 여행을 통해 '산 경험'을 쌓게 하는 교육도 말은 좋다. 프랑스의 모든 가정이 방학 때마다 아이들을 여행 보내고 경험을 쌓게 해줄 경제력을 갖춘 건 아니다. 가난한 집안의 아이들은 상대적 소외감을 느끼게 된다. 소외감은 우울함과 열등감으로 변질되기 쉽다. 때로 폭력성으로 나타나기도 한다. 프랑스가 혁명과 시위의 나라가 된 데에는 이런 속사정이 있는 건 아닐까? '프랑스 대혁명'은 시민의 힘으로 자유와 평등을 이뤄낸 인류 역사상 대단히 가치 높은 시민 혁명이지만, 그 이면에는 분노와 질투로 인한 지나친 잔인함과 폭력, 문화재 파괴와 절도가 있었다. 프랑스 대혁명은 무척 살벌하고 폭력적이었다. 오늘날까지도 프랑스인들은 일상이 불편할 정도로 잦은 시위와 파업으로 사회를 마비시키는데, 가끔 매우 폭력적이다.

고로 '프랑스는 학교 방학 일수를 줄여야 한다고 강력하게 주장하는 바이다!'라고 나라도 나서서 교육부에 투고하고 싶지만 그러지 못하고 있다. 양심에 찔려서다. 내가 프랑스의 학교 방학 일수에 민감한 결정적 이유는 지극히 개인적인 것이기 때문이다.

우리 부부는 일 년에 최소 다섯 번, 학교 방학에 맞추어 여행을 떠난다. 지나치게 잦은 여행은 휴식이 아니다. 여행을 떠나기 위해 짐을 싸는 것도 여행에서 돌아와 짐을 정리하는 것도 일이다. 에두아르는 내가 도와주지 않으면 책을 제외한 나머지 짐은 대충 챙긴다. 잠옷이나 속옷, 휴대전화 충전기 같은 것들을 빠트려 여행지에서 다시 산 적이 한두 번이 아니다. 할 수 없이 내가 그의 몫까지 챙겨야 한다. 잦은 여행 때문에 나는 좋아하는 강아지도 실내 화분도 못 키운다. 여행지에서는 에두아르가 오지랖 떨다가 사람들과 싸우는 일을 사전에 방지하기 위해 촉을 세워야 하고, 그랬는데도 싸움이 벌어지면 나도 휘말려 같이 싸우거나 에두아르의 팔을 있는 힘껏 끌어당겨 상대방과 떨어뜨려야 한다. 몹시 창피하고 피곤한 일이다.

등산과 스키를 좋아하는 에두아르와 함께하는 여행은 체력강화 훈련 같다. 알고 있는 지식을 마구 퍼주기 좋아하는 에두아르와의 여행은 늘 학술연수 같다. 정신적으로 육체적으로 너무 피곤하다. 나는 너무 잦고 긴 방학이 싫다.

대축일방학에도 어김없이 여행을 가야 했지만, 다행히 그 해의 대축일방학에는 친지들의 결혼이 세 건이나 연달아 있었다. 결혼식에 참가하다 보면 이 주간의 방학이 모두 끝날 것이었다.

반나절이면 모든 행사가 끝나는 한국의 결혼식과 달리 프랑스의 결혼 행사는 보통 이틀에서 사흘 정도 걸린다. 프랑스에서는 시청에서 시장의 주례로 법률혼이라는 것을 해야만 결혼이 인정되는데, 이때 신랑과 신부는 혼인 선서를 하고 혼인 신고서에 증인들과 함께 서명한다. 서명을 마친 후에는 시장이 보는 앞에서 결혼반지를 교환하는 것으로 법적 부부가 된다. 이게 끝이 아니다. 대개의 프랑스인은 전통적으로 종교혼이라는 것도 한다. 종교혼은 법률혼을 치른 당일이나 다음날 성당에서 신부의 주례 하에 이뤄지는 결혼식이다. 1791년 이후 더 이상 법적 효력이 없는 종교혼은 결혼의 성사 여부와도 상관없고 의무도 아니다. 하지만 일 년에 성당 한 번 안 가도 대부분 가톨릭 세례명을 가지고 있는 프랑스인들에게 종교혼은 중요한 의미를 지니는 것 같다.

종교혼을 마친 날 저녁에는 하객들과 함께 결혼파티를 한다. 한국식으로 말하면 피로연이라 할 수 있는데 그 규모가 우리와 크게 다르다. 파티는 대개 신부 쪽 집안의 성이나 큰 저택에서 열린다. 성도 저택도 없는 경우는 정원이 있는 커다란 가든이나 호텔을 빌려 치르는데 공연과 연설, 댄스파티가 보통 다음날 새벽까지 계속된다. 집안 사정이 여유로운 경우는 결혼파티 이튿날 멀리서 온 하객들에게 브런치를 제공하기도 한다.

하객이 결혼 축의금을 내는 관습은 존재하지도 상상하지도 못하는 프랑스에서는 결혼이란 정말 돈이 많이 드는 행사이다. 돈이 없으면 법률혼 이외의 모든 과정을 생략하면 되지만, 나는 종교혼과 결혼파티를 생략하는 경우를 본 적이 없다.

우리가 초대받은 세 건의 결혼식 모두 각기 다른 지방에서 치러졌다. 첫 번째 결혼식이 있는 곳은 프랑스 중부의 작은 마을 소바니였다. 에두아르의 절친 도미니크의 장녀 카텔리네의 결혼식이었다. 고등학교를 졸업하자마자 결혼하겠다고 난리였던 그녀를 도미니크와 에두아르가 뜯어말려 그제야 결혼하게 된 것이었다. 학업성적이 매우 우수했던 그녀가 결혼으로 공부를 그만두거나 지장을 받을까 걱정이던 에두아르는 아빠 친구라기보다 선생으로서 그녀를 설득하는 데 힘을 보탰다. 도미니크와 에두아르 두 아재는 '카텔리네 결혼 늦추기 작전' 을 세워 나와 도미니크의 부인 모니카도 프로젝트에 합류시키려 했다.

당시 에두아르의 또 다른 친구 필립은 열네 살 딸 아엘리아가 키우는 토끼들이 집안 여기저기에 똥을 싸지르고 다니는 바람에 우울증이 더 심해지고 있었다. 에두아르는 필립을 위해 '토끼 입양 보내기 프로젝트'에도 착수했지만 실패하고 말았다. 작전 실행 중에 에두아르는 아엘리아와 크게 다투고 둘은 완전히 결별해 서로 꼴도 보기 싫어하는 사이가 되었다. 그 과정을 다 지켜본 나는 에두아르가 카텔리네하고도 원수 사이가 될까 걱정스러웠다. 오지랖 남편이 또 일을 그르칠까 염려된 나는 그림자 오지랖으로 그 일에 관여했었다. 카텔리네의 결혼 늦추기 작전은 성공했다. 우리는 그녀의 결혼을 이 년이나 늦췄고 그녀가 더 열심히 공부할 수 있는 계기를 만들어주었다. 카텔리네는 프랑스의 수재 상위 1퍼센트도 들어가기 힘든 에콜 노르말 쉬페리외르에 남자친구와 함께 당당히 합격했다. 결혼 승낙을 받아내기 위해 공부에 매진했을 어린 커플이 사랑스럽다. 사랑의 힘이란 정말 대단하다.

결혼식이 있을 소바니는 농축업이 발달한 조용한 전원마을로 관광객이 거의 없는 곳이다. 마을의 발전을 위해 몇 년 전부터 시의원들이 생태관광 사업에 힘쓰고 있다니 앞으로는 어떻게 변할지 모르지만 적어도 그때까지는 그곳에서 관광객을 본 적은 없다. 주위에 에두아르가 좋아하는 문화유산도 높은 산도 없다. 결혼식 참가를 핑계 삼아 소바니 시의원의 바람대로 생태관광을 즐길 수 있을 것 같아 좋았다.

우리는 결혼식이 있을 소바니에 가기 전 오뜨비엔느에 들렀다. 소바니에서 차로 두 시간 거리인 오뜨비엔느에서 하룻밤 머물며 결혼선물을 살 생각이었다. 리모주에서 멀지 않은 오뜨비엔느는 리모주만큼 도자기가 유명한 마을이다. 몇 년 전 우연히 들렀던 그곳의 한 공방에서 알게 된 도예가의 작품을 선물하고 싶었다.

"여기서 오른쪽으로 가는 거 맞지?"

대답이 없었다. 사방을 둘러봤다. 에두아르가 사라졌다. 그는 가끔 말도 없이 사라져 내 성질을 긁는다. 오는 길에 서점이 있었던가 싶어 되돌아가며 살피는데, 에두아르가 길가 야채가게에서 나오는 모습이 보였다.

"거기서 뭐 했어?"

"저 가게 앞 팻말에 쓰인 글자 중에 철자법 틀린 게 있어서 알려주고 왔어."

"또 싸웠어?"

"아니, 싸우긴 왜 싸워? 내가 뭐 쌈꾼이냐? 가게 주인이 바로 수정하겠다고 했어."

의심스러웠지만, 얼굴이 벌겋지 않은 것으로 봐서 싸우지는 않은 것 같았다. 야채가게 주인의 성격이 무척 좋았던 모양이었다. 항의 메일을 보내는 학부모들을 나무랄 것만도 아니다.

성당에서 본 어린 부부는 편안해 보였다. 그들의 표정에서 오랜 과제를 풀어낸 후의 홀가분함이 묻어났다. 앞으로도 풀어야 할 과제가 많이 기다리고 있을 그들이 현명하게 대처해 나가길 바라는 마음으로 결혼식을 지켜봤다.

결혼파티는 적당해서 품위가 있었다. 역시 귀족 가문 출신 도미니크다웠다. 그해 봄에 있었던 어느 결혼파티는 드론으로

공중 비디오 촬영을 하고 화려한 야간 불꽃놀이 축제까지 벌
였다. 성 밖 공터에 임시로 마련한 식당 사방으로는 잘 익은 밀
밭이 한없이 펼쳐져 있었다. 밀밭이 주는 시각적 편안함과 풍
성함을 즐기며 식사할 수 있도록 임시로 만든 밀밭이었다. 식
탁 위 모든 식기는 리모주산이었고 제공된 모든 와인은 부르
고뉴산이었지만, 포르쉐 오픈카를 타고 온 하객은 천박하다는
빈축을 샀다. 사치는 곧 품위 없음이기 때문이었다. 불꽃놀이
와 단 하루를 위한 임시 밀밭은 과연 사치가 아닌가?

　프랑스 생활 몇 년 차가 되니 부르주아 출신과 귀족 출신을
어느 정도 구별할 수 있게 되었다. 귀족 가문 출신인 시어머니
는 나의 롤모델이다. 어머니는 명품을 사고 싶어 한 적도 산 적
도 없지만 명품으로 치장한 사람들을 부러워하지도 비난하지
도 않는다. 그렇지만 누군가 명품을 선물하면 좋아하며 아껴
서 사용한다. 귀족 출신들은 부르주아 출신들보다 훨씬 더 분
수에 맞는 생활을 한다. 무리한 겉치레를 하지 않아 자연스러
운 기품이 있고 그만큼 자유로워 보인다.

　이틀 뒤에는 친구 카트린의 결혼식이 있었다. 카트린은 오
래전 에두아르가 안시에서 일할 때 교사와 학부모로 만난 사

이다. 제자 앙투안이 수업시간에 집중하지 못하고 산만해진 것이 이상해 학부모 면담을 신청했고, 앙투안의 엄마인 카트린을 만났다. 앙투안의 문제는 부모의 이혼으로 인한 방황이었다. 제자가 집안 문제로 학습에 지장이 생겼다는 것을 안 에두아르는 앙투안에게 각별히 신경을 써준 모양이었다. 아이의 상태를 살피기 위해 자주 면담을 하다 보니 친해져서 지금까지도 좋은 친구로 지내고 있다. 카트린은 우리 결혼식에도 먼 길을 달려와 축하해주었다.

카트린은 몇 년 전 그루피에 있는 큰 농장을 구입해 전원주택으로 개조한 후 우리를 초대했었다. 왠지 모르게 늘 지쳐 보이던 그녀는 생기가 넘쳤다. 그때 우리는 그녀의 남자친구 실바를 처음 봤다. 그는 무척 쾌활한 사람이었는데 카트린의 새 배우자가 바로 실바였다. 재혼일 경우 대부분 법률혼만 올리지만 실바가 초혼이라 간단하게나마 결혼파티를 하기로 한 것이었다.

우리는 카텔리나의 결혼파티가 끝난 다음날 오후에 그르노블 근교 생마르탱듀리아쥬에 사는 친구 베로니크와 올리비에의 집으로 향했다. 카트린의 결혼식이 있는 그루피는 생마르탱듀리아쥬에서 차로 한 시간 거리이다. 우리는 그 근처에 가게 되면 베로니크와 올리비에 집에서 주로 지낸다. 그들은 가족 같은 친구들이다.

엄마의 재혼 결혼식장에서 옛 스승 에두아르를 발견한 앙투안은 활짝 웃으며 그에게 달려와 포옹했다. 둘 다 웃고 있지만 눈가가 촉촉했다. 옆에 있는 나도 코끝이 찡해졌다.

결혼파티는 소박하고 단출했다. 댄스파티를 생략하기로 했다는 말에 젊은 하객들은 실망한 듯했는데 한 남자가 파티장에 나타나자 눈빛이 달라졌다. 무대음향가인 실바의 친구로 엄청 유명한 가수였다. 에두아르와 나만 빼고 결혼파티에 참석한 모든 사람이 그를 알아봤다. 내가 만약 에두아르와 결혼하지 않았다면 나도 그를 알아봤을지 모른다는 생각이 스쳤다.

1960년대 프랑스에서 태어난 사람이 짐 모리슨이 누군지도 모르고 영화 〈슈퍼맨〉도 〈E.T〉도 안 본 사람과 살다 보니 나도 대중문화에서 점점 멀어지고 있었다. 얼마 전 나는 BTS에 대해 묻는 프랑스의 한 학생에게 BTS가 누구냐고 되물어 그를 놀라게 했다. BTS가 방탄소년단이라는 것을 나중에 안 나는 내가 사람들과 너무 멀어졌다는 느낌에 머릿속이 멍했다.

오래전에 친구한테 들은 이야기가 생각났다. 내 친구의 친구가 한 외국 공항에서 진짜 한국인인지를 증명하는 테스트를 받아야 한 적이 있다고 한다. 그 친구의 이름이 한국 정부가 인터폴에 수배를 부탁한 북한 스파이와 같고 외모도 비슷했기 때문이다. 한국인이라는 것을 증명하기 위한 시험에는 한국인이라면 도저히 모를 수 없는 문제들이 출제되었는데, 그중에 '다음 중 서태지와 아이들의 멤버가 아닌 사람을 고르시오'라는 문제가 있었다고 한다.

친구에게 들은 이 이야기가 실화인지 아니면 떠도는 우스갯소리를 친구가 실화처럼 들려준 것인지 알 수 없지만, 만약 진짜라면 나는 이제 그런 종류의 시험을 통과할 자신이 없다. 인터폴 수배 명단에 내 이름과 똑같은 북한 스파이가 없기를 바랄 뿐이다. 그렇지 않으면 나는 꼼짝없이 누명을 쓰고 구금될지도 모른다는 과대망상까지 하게 된다.

내가 너무 에두아르에게 맞춰가며 사는 것은 아닐까? 그에 맞춰 변한 것이 억울하다기보다 원래의 나를 잃어버리게 될까 걱정이다. 예전의 내가 지금의 나보다 더 나은 사람이었기 때문이 아니다. 오랜 시간 동안 내 안에 뿌리내려 절대 변하지 않을 원래의 나를 잃어버리면 나는 쉽게 흔들리고 혼란스러워질지도 모른다는 생각에 두렵다.

늦게 도착한 유명한 가수는 짧막한 공연을 선보였다. 그의 노래가 끝나자 카트린과 실바가 서로에게 쓴 편지를 낭독했다. 갑자기 실바가 울음을 터뜨렸다. 카트린도 같이 울었다. 그동안 그들과 함께했을 어떠한 설움이 행복한 순간에 눈물로 녹아내리는 것 같았다. 일본 유학 시절 나를 딸처럼 대해준 일본 엄마가 들려줬던 말이 떠올랐다. 엄마는 '행복이란 나중에 오는 것'이라고 했다. 어디에서 태어나고 어떤 문화와 환경 속에 살아도 우리 모두에게는 나름의 설움이 있다. 사람살이는 국경과도 국적과도 상관없이 비슷하다.

실바와 카트린의 눈물을 바라본 모두가 뭉클해졌다. 모두가 가지고 있을 어떠한 설움의 기억으로 뭉클해진 것일 터였다. 사연이 많을수록 설움도 많아지고 설움이 많을수록 더 많은 사람과 공감할 수 있다. 공감할수록 마음은 치유되고 건강해진다. 파티에 참석한 모두가 카타르시스를 선물로 받은 듯했다.

남은 결혼식은 사흘 후에 있을 시조카의 결혼식 하나였다. 베로니크와 올리비에의 집에서 결혼식이 있을 카르팡트라까지는 차로 두 시간 반이면 갈 수 있다. 우리 집에서 출발하면 여덟 시간이나 걸리는 곳이라 생마르탱듀리아쥬에 남기로 했다.

베로니크가 스위스 로잔의 에르미타주재단 미술관에서 〈색의 유희〉란 제목의 앙리 망갱 특별전이 있다며 다녀오자고 했다. 한 화보집에서 망갱의 작품을 처음 본 나는 마티스의 그림이라고 착각했었다. 자세히 보니 마티스의 작품과는 뭔가가 달랐다. 그 뭔가가 뭔지 모른 채 나는 그의 작품을 잊어버렸다. 망갱의 작품을 백 점 가까이 볼 수 있는 전시회라고 하니 모른 채 잊어버린 그 뭔가를 찾아낼 좋은 기회가 될 것 같았다. 망갱의 전시회는 좀처럼 열리지 않아 더 반갑고 좋았다. 그런 이유가 아니라 해도 나는 베로니크와 전시회에 같이 가는 것 자체를 좋아한다. 우리는 그림을 보는 눈이 아주 비슷하다. 같은 취향의 친구와 그림 전시회에 가면 훨씬 더 즐거운 감상을 할 수 있다. 현대 추상미술에 대한 이해가 부족한 에두아르와 현대미술 전시회에 가면 짜증스러울 때가 많다. 그는 "이런 건 나도 그릴 수 있겠다"는 소리를 자주 한다. '그릴 수 있으면 그려보든가.' 한마디해주고 싶지만 몰라서 그러는 거니 이해하자 넘기곤 한다. 나라고 현대 추상미술에 대단한 안목과 지식이 있는 건 아니지만 최소한 그림을 취미로 그리는 사람으로서 추상화가 얼마나 그리기 힘든 것인지는 안다. 사람은 자신이 잘 모르거나 경험해보지 않은 일에 대해 더 쉽게 비판하고 비난하는 것 같다.

생마르탱듀리아쥬에서 로잔까지는 당일치기가 가능한 거리다. 마침 올리비에도 쉬는 날이라 우리 넷은 미술관 개관시간에 맞춰 로잔으로 향했다. 순환기 내과 전문병원의 원장인 올리비에와 어딘가에 함께 가려면 항상 두 대 이상의 차로 움직여야 한다. 병원에 응급환자가 생기면 그는 언제 어디에 있든 바로 달려가야 하기 때문이다.

한 시간 반쯤 달리자 스위스 국경이었다. 유럽에서 살기 시작한 지 꽤 되었지만, 아직도 나는 국경을 자동차로 넘는 것이 묘하고 기분 좋다. 에두아르는 차로 국경을 넘을 때마다 들뜨는 내 모습에서 한국이 분단국가라는 것을 실감하게 된다며 한국이 빨리 통일되기를 바란다고 오지랖을 떨었다.

국경을 넘어 레만 호수를 따라 한 시간 정도 가자 목적지에 도착했다. 로잔의 전경이 한눈에 내려다보이는 언덕 위 저택이 에르미타주재단에서 운영하는 미술관이다. 상설전 없이 일 년에 두세 번 진행하는 그 미술관의 특별기획전시는 탁월하다. 몇 해 전 〈창窓, 르네상스에서 오늘날까지〉라는 기획전을 본 적이 있다. 개인이 소장하고 있어 쉽게 볼 수 없는 유명화가들의 알려지지 않은 작품들을 보며 대만족한 나는 에르미타주 재단 미술관의 전시라면 무조건 가보라고 홍보하고 다니게 되었다. 앙리 망갱 특별전만 해도 좀처럼 볼 수 없는 희귀한 전시였다. 프랑스 화가 앙리 망갱은 1차 세계대전 기간에 로잔에서 살았다고 하는데, 그 인연이 멋진 전시회로 이어진 듯했다.

전시된 망갱의 초기 습작 드로잉과 수채화, 야수파의 면모가 드러나는 작품들을 감상하며 망갱의 그림을 처음 봤을 때 마티스를 떠올린 이유를 알 것 같았다. 그들은 사물을 보는 시선이 비슷하다. 비슷하면서 다른 점도 있다. 망갱의 작품은 마티스의 것에 비해 색감이 온화하고 붓질이 부드럽다. 베로니크와 내가 이런 대화를 나누며 흥미진진하게 그림을 감상하는 동안 에두아르와 올리비에는 우리 뒤를 졸졸 따라다니기만 할 뿐 건성으로 그림을 봤다. 에두아르가 야수파의 그림을 좋아하지 않는 것은 알았지만 올리비에까지 그런지는 몰랐다. 두 남자는 우리가 그림을 너무 오래 본다며 투덜거렸다.

"너네 지금 한 그림당 십 분씩 보고 있는 거 아냐? 그럼 이

전시를 다 보려면 천 분이나 걸린다는 거네? 천 분이면 몇 시간이지?"

올리비에의 말에 에두아르는 깐죽거리며 즉각 대답했다.

"열여섯 시간이 넘는구먼! 내일 또 와야겠구먼! 이주영과 베로니크는 오늘 여기 남아서 자야겠구먼! 그래도 내일 밤이나 돼야 집에 돌아오겠구먼!"

이것들이! 야수파 그림에 관심이 없으면 처음부터 오기 싫다고 하지 왜 따라와서 사람을 괴롭히는지. 베로니크와 나는 두 남자를 무시했지만 뒤를 졸졸 따라다니며 떠드는 통에 여간 거슬리는 게 아니었다. 어쩔 수 없이 그림 감상 속도를 높였다.

그렇게 오후 한 시쯤 되자 두 남자가 배고파서 죽을 것 같다고 난리였다. 아침부터 정원 일을 하다가 바로 출발한 두 남자의 차림은 참으로 궁색했다. 올리비에가 입고 있는 스웨터 팔꿈치에는 지름 10센티미터가량의 커다란 구멍이 나 있었다. 에두아르의 무릎 나온 바지에는 흙과 이끼가 말라붙어 있었다. 그런 차림의 두 남자가 자꾸 배가 고프다고 하니 주위 사람들이 힐끔거렸다. 독일어, 프랑스어, 이탈리아어, 로망슈어를 국어로 사용하는 스위스에서 로잔은 프랑스어를 사용하는 지역이라 전시회에 온 사람들이 우리 대화를 다 알아들었다.

베로니크와 나는 두 남자가 창피스러워 그만 나가서 점심을 먹기로 했다. 미술관 옆에 재단에서 운영하는 식당이 있었다. 식당으로 향하는 길에 올리비에의 휴대전화가 울렸다. 병원에서 온 긴급 호출이었다. 올리비에는 당장 프랑스로 돌아가야 했다. 미친 듯이 뛰는 올리비에 뒤를 베로니크도 따라 뛰었다. 올리비에가 병원에 도착했을 때 더 나은 컨디션으로 수술하도록 대신 운전을 해주어야 하기 때문이었다. 누군가의 생명을 구하기 위해 달리는 부부의 뒷모습은 멋있었다.

두 사람이 떠난 후 나는 입맛이 없었다. 조금 전까지 배고파 죽겠다던 에두아르도 입맛이 없다고 했다.

"점심은 다시 배가 고파지면 먹고 여기까지 온 김에 우리 베른에 다녀올까?"

야수파 그림에 이해가 부족한 에두아르와 다시 전시관으로 돌아간 데도 그림을 제대로 감상할 수 없을 것 같았다. 로잔에는 여러 번 가서 특별히 가고 싶은 곳도 없었다. 베른은 결혼 전에 에두아르와 함께 다녀온 적이 있었다. 굳이 다시 가고 싶을 만큼 인상적인 곳은 아니지만, 남편이 가고 싶은 모양이니

같이 가주기로 했다. '참을 인忍' 자를 부르는 남자와 살다 보니 어느새 나는 보살이 된 모양이었다. 너무 착해졌다.

　로잔에서 한 시간 정도 이동하면 베른이다. 1983년에 유네스코 세계문화유산으로 등록되었다는 베른 구시가지에 접어들어 시계탑을 보자 예전 기억이 떠올랐다. 지난번에 가본 역사박물관과 시립미술관 말고 다른 곳에 가보고 싶었다. 베른에는 모자이크 문양의 패턴을 추상적이고 구상적으로 표현한 스위스의 화가 파울 클레의 작품을 세계에서 가장 많이 소장하고 있는 파울클레센터가 있다. 인상파와 나비파를 마지막으로 그 이후의 그림은 별로 좋아하지 않는 에두아르에게 클레의 그림을 보러 가자고 해봤자 싫다고 할 게 뻔하지만 밑져야 본전이었다.

　"우리 파울클레센터 가자."
　"좋아!"
　의외였다. 나는 이 남자의 취향을 좀처럼 종잡을 수 없다.
　에두아르는 파울클레센터에 가기 전 아인슈타인 하우스부터 들르자고 했다. 지난번에 왔을 때는 시간이 부족해 가보지 못한 곳이었다.

베른의 시계탑

1879년 독일에서 태어난 유대인 아인슈타인은 1902년부터 1909년까지 베른에서 살았다. 시계탑에서 엎어지면 코 닿을 거리에 있는 아인슈타인 하우스는 그가 임대해 이 년간 살았던 아파트를 당시 그대로 재현해 일반인에게 공개하는 박물관이다. 성실한 대학 생활을 보내지 않은 아인슈타인은 졸업 후에 일자리를 구하지 못해 어려움을 겪었다. 그러는 사이 대학 시절부터 사귄 밀레바 마리치와의 사이에서 딸을 낳았는데 경제적으로 키울 능력이 안 돼서 입양을 보내야 했다. 그 후 친구의 도움으로 베른특허국에 일자리를 얻어 취리히에서 베른으로 옮겨와 살게 되었다.

아인슈타인 하우스는 그가 밀레바와 결혼해 신혼살림을 차린 곳으로 그곳에서 사는 동안 '상대성이론'을 확립했다고 알려져 있다. 나는 그 유명한 물리학자의 신혼살림을 보는 것이 그다지 내키지 않았지만 오전 내내 좋아하지도 않는 망갱의 전시회에 끌려다닌 에두아르를 생각해 같이 가주기로 했다.

입구 카페를 지나 나선형 계단을 오르자 2층에 아담한 거주공간이 나왔다. 아인슈타인의 생활상을 보여주는 박물관인

만큼 가구며 옷가지며 당시 모습을 그대로 재현한 아파트 내부는 검소하게 사는 이웃집 노부부의 집에 놀러온 듯한 착각에 빠지게 했다. 거실 벽에 새파랗게 젊은 아인슈타인과 그의 아내 밀레바 마리치, 아들 한스 알베르트가 같이 찍은 가족사진이 걸려 있었다. 사진 속 아인슈타인의 시선은 카메라가 아닌 다른 곳을 향해 있었다.

"이분은 평생 한눈팔고 사셨군."

내 비아냥에 에두아르는 그가 사진을 찍는 순간에도 상대성이론에 대해 생각했을지 모른다고 아인슈타인을 대변했다.

"아닐걸. 딴 여자 생각하고 있었을걸. 이 사람 사생활 엄청 복잡했잖아!"

베른역사박물관 안에 있는 아인슈타인박물관에서 그의 사생활에 대해 알게 된 후로 나는 아인슈타인을 탐탁지 않게 생각했다. 그는 여성 편력이 심했고 파렴치한 면이 있었다. 첫 번째 부인 밀레바가 둘째 아이를 임신 중일 때에도 첫사랑이었던 여자에게 보고 싶어 환장하겠다는 식의 연애편지를 날리는가 하면, 밀레바와 이혼 후 겨우 사 개월 만에 먼 친척인 엘사와 결혼했다. 밀레바에게 노벨상 수상금을 위자료로 준 것으로 알려졌지만, 이혼 당시 그는 노벨상 후보였을 뿐 수상자가 아니었다. 그러니까 '내가 노벨상 타게 되면 그 돈 너 가져' 한 것이었다. 그 말은 만약에 노벨상을 못 타면 국물도 없다는 소리지 않은가. 그는 엘사와 재혼한 후에도 끊임없이 이 여자 저 여자와 불륜을 저지르며 여자들이 자기를 가만 놔두지 않는다는 소리를 해댔다. 그의 사생활을 알고 난 후로 아인슈타인이 싫어졌지만, 원래부터 그에게 관심이 없었기 때문에 싫은 감정도 오래가지 않아 잊어버렸다.

어느 날 우연히 그의 책《나는 세상을 어떻게 보는가》를 읽었다. 책 속에 녹아 있는 아인슈타인의 철학과 세계관은 세기의 천재다운 통찰이 있었다. 책을 읽으며 아인슈타인의 사생활을 몰랐다면 좋았겠다는 생각을 했다. 그 후로 나는 그의 안티팬이 되었다.

3층에는 아인슈타인의 논문과 이론을 간단히 소개하는 전시관이 있었다. 활자중독자 에두아르는 그걸 하나하나 다 들여다보며 읽고 앉았다. 내가 다가가자 웃으며 말했다.

"여기 봐봐! 아인슈타인은 자신의 특수상대성이론을 그리 대단한 이론이라고 생각한 적이 없대."

이미 심사가 뒤틀린 내가 좋게 대꾸할 리가 없었다.

"그 이론이 대단하지 않으면 나처럼 골백번 들어도 뭔 소린지 못 알아먹는 인간은 죽어야겠구먼!"

"왜 흥분하고 그러셔? 여기 다음 문장을 읽어봐."

이어지는 문장에는 '아인슈타인 자신은 맥스웰과 로렌츠라는 사람이 이미 연구하고 발견한 것을 정리한 것뿐이라고 생각했다'라는 내용이 쓰여 있었다.

"그럼 그 이론으로 받은 노벨물리학상 상금을 그 사람들한테 나눠주던지. 그거 다 위자료로 쓴 주제에."

"아인슈타인은 특수상대성이론으로 노벨상을 받은 게 아니라 광전효과의 발견으로 받았거든!"

"아, 몰라! 나는 이 사람 싫어."

"왜? 여자관계가 복잡했어서?"

"난 부도덕한 사람은 딱 질색이야!"

"동시에 여러 사람을 좋아하면 부도덕한 거야? 결혼 후에도 첫사랑을 잊지 못하면 부도덕한 거야? 나는 매번 네가 말하는 도덕이라는 게 대체 뭔지 잘 모르겠다."

에두아르의 말에 나는 기분이 확 상했다. 그러면 마누라 놔두고 딴 여자 만나는 게 도덕적이냐? 따져 물으려다 참았다. 내가 그렇게 말하면 에두아르는 부도덕의 반대말이 도덕이냐고 하면서 나를 단세포 아메바 취급할 게 뻔했다. 그럼 나는 기분이 몹시 더러워질 것이었다. 여행 가서까지 부부싸움을 해서 기분을 잡치고 싶지 않았다.

사실 우리는 도덕성에 관해 논쟁하다 싸운 적이 한두 번이 아니었다. 프랑스의 24대 대통령이었던 프랑수아 올랑드가 재임 시절 한 여배우와 바람이 났다는 것이 세상에 알려졌을 때 우리는 대판 싸웠다. 프랑스인들은 대통령의 불륜을 크게 문제 삼지 않았다. 에두아르도 마찬가지였다. 평소 올랑드 대통령의 정책을 비판하며 비난했던 그였지만 올랑드가 그 여배우를 만나기 위해 밤마다 헬멧을 쓰고 그녀의 아파트를 드나든다는 뉴스를 들었을 때 시크한 코웃음을 친 게 다였다. 나는 대통령의 부도덕함을 코웃음 한 번으로 퉁치는 그의 반응이 마음에 안 들다 못해 화가 났다. 만약 한국에서 그런 일이 벌어졌다면 대통령은 탄핵당했을 거라고 성질을 냈다. 한국이었다면 프랑수아 올랑드는 대통령이 되지도 못했을 거라고도 했다. 올랑드는 동거 중인 여자와의 사이에 자녀가 네 명이나 되었는데, 대통령 후보로 선거운동을 하던 중에 사실혼 관계이자 정치적 동반자이며 아이들의 엄마였던 세골렌 루아

얄과 결별하고 정치부 방송 기자 발레리 트리에르바일레르와 사귀었다. 올랑드는 선거 유세 때마다 연인 발레리를 데리고 다니기까지 했다. 한국에서는 상상도 할 수 없는 일이다. 그런 사람이 대통령이 되고 얼마 되지 않아 여배우를 만나러 밤마다 헬멧을 뒤집어쓰고 스쿠터를 타고 다니다 딱 걸렸는데 국민은 그런 대통령의 사생활을 비난하지 않는다는 것이 말이나 되냐고 따지듯 물었다. 에두아르는 올랑드 대통령이 세금을 축낸 것도 아니고 뇌물을 받은 것도 아니다, 예쁜 여자를 만나는 것이 국가 운영에 무슨 문제가 되냐고 되물어 나를 거품 물게 했다.

뚜껑이 제대로 열린 나는 "부도덕에 쿨할 수 있다는 것은 너도 부도덕해질 수 있다는 것"이라고 몰아세웠다. 에두아르는 "네가 생각하는 도덕의 기준이 뭐냐"고 되물었다. 올랑드의 스캔들로 그의 동거녀 발레리는 정신병원에서 치료를 받고 있었다. 올랑드가 부도덕한 이유는 그가 바람을 피워서라기보다 누군가의 마음을 다치게 했기 때문이다. 내가 생각하는 도덕이란 다른 사람을 다치게 하지 않는 것이라고 소리 높여 외쳤다. 내 외침에 에두아르는 "도덕을 그렇게 단순하게 정의 내리다니 대단한걸" 하며 빈정댔다. 그날 우리는 정말 대판 싸웠다. "이게 다 올랑드 때문이야"라는 에두아르의 외마디로 싸움이 마무리됐지만, 뒤끝 작렬하는 나는 그날 일을 생생히 기억한다.

에밀 졸라의 소설 《테레즈 라캥》은 병약한 고종사촌 카미유와 어쩔 수 없이 결혼하게 된 테레즈가 카미유의 친구 로랑과 눈이 맞아 그와 합심해 남편을 살해한 후 죄책감에 시달리다 결국 로랑과의 사랑도 파경을 맞고 둘이 함께 자살하게 되는 이야기다. 우리는 그 소설에 관해 이야기하다 도덕과 죄책감의 상관관계라는 주제를 놓고 싸웠는데, 매번 도덕성에 관해 이야기하는 나를 에두아르는 못마땅하게 생각했고 나는 나를 못마땅해하는 에두아르의 도덕성이 의심스럽다고 말해서 싸움이 커졌다.

발자크의 《골짜기의 백합》을 읽은 후 내가 주인공 모르소프 부인의 모성애와 플라토닉한 사랑은 무척 비현실적이며 답답하다 못해 위선적이라고 하자 에두아르는 "네가 평소에 좋아하는 도덕이 바로 그런 것 아니었느냐?"는 말을 해서 내 성질을 건드렸다. 그렇게 시작한 말다툼은 19세기 프랑스 사회의 여성 차별과 도덕성이라는 주제로까지 발전했다. 《골짜기의 백합》의 모르소프 부인은 정절을 지키다 피 말라 죽고 플로베르의 소설 《보바리 부인》의 엠마는 바람을 피우다 모든 남자한테 차이면서 피 말라 죽는다. 프랑스를 대표하는 두 작가 모두 여자들을 사랑 때문에 힘들어하다 죽게 했다. 여성을 단지 사랑에 목매는 캐릭터로 그린 그들의 편협하고 왜곡된 여성에 대한 관점이 인류 문화에 끼친 폐해가 얼마나 지대한지 절감하는 나는 분노하지 않을 수 없었다. 그것은 무척 여성비하적 발상이므로 윤리적이지 못하다고 하는 내 의견에 에두아르는 여성비하와 도덕성을 연결하는 나의 논거가 빈약하다고 지적해 싸움이 커졌다.

우리의 부부싸움은 매번 그런 식이었다. 주입식 교육을 받아온 나는 내가 내린 결론이 정답이라 주장하고 논리를 강조하는 교육을 받아온 에두아르는 내 의견에는 논거가 부족하다고 반박했다. 나는 교육제도와 방식이 개인의 삶에 미치는 영향에 관해 연구하고 싶다. 그러면 나 자신과 에두아르를 더 잘 이해할 수 있게 되지 않을까? 《손자병법》에서 '지피지기면 백전백승'이라 했다. 내가 그 연구만 제대로 할 수 있다면 우리의 부부싸움에서 승리는 나의 것이다!

아인슈타인 하우스에서 파울클레센터로 향하는 길의 기념품 상가에는 온갖 아인슈타인 굿즈로 가득했다. 영화나 만화 속 등장인물도 아닌 실존했던 과학자를 가지고 그렇게 많은 굿즈를 제작한 것을 본 적이 없다. 한결같이 아인슈타인을 귀엽고 친근하고 만만하게 캐릭터화한 물건들이었다.

"그렇게 사생활이 문란하고 부도덕했으니 이렇게 만만한 대접을 받는 거지!"

내 말에 에두아르는 또 도덕성 타령이냐며 짜증을 냈다. 나는 짜증 내는 그의 표정이 상당히 못마땅해서 기분이 상했다. 표정이 왜 그따위야! 소리칠까 하다가 싸움이 커지는 게 싫어 참았다. 부부가 살다 보면 싸우는 건 당연하겠지만 도덕에 관한 가치관 차이로 싸우는 건 그만하고 싶었다.

그런 싸움이 잦을수록 '도덕이란 과연 무엇인가?' 하는 생각을 하게 되고 매번 더 정의 내리기 힘들어졌다. 오랫동안 확신해온 것들이 흔들렸다. 내겐 점점 더 확실한 게 없어지는 것 같다. 내가 이렇게 된 것은 나와 다른 교육을 받고 나와 다른 생각을 하는 사람과 살고 있기 때문인 건 아닐까. 내가 무슨 말을 하든 논거가 부족하네, 논리적이지 않네 하지 않고 긍정해주는 사람과 산다면 어땠을까? 나는 더 많이 고민하고 더 선명해지지 않았을까?

정답이 항상 존재하는 주입식 교육을 받아왔기 때문일까? 나는 스스로에게 던지는 질문에 답을 찾지 못할 때면 당황스럽다. 객관식 문제에 익숙한 나는 정답을 모를 때 오답을 찍을 확률이 높다는 것을 경험했기 때문인 걸까? 아니면 정답은 항상 존재하는 것이 아니라는 걸 아직도 체화하지 못한 것일까? 이 모든 것이 혼란스럽다. 에두아르와 싸우면 싸울수록 머릿속이 뿌예지는 것 같다.

FRANCE

노르망디

사람이 미울 때는 반드시 이유가 있다

서울에 다녀오는 길이었다. 마음이 무거웠다. 서울을 떠나오는 건 매번 서글프다. 왜일까? 공항 입국장에 에두아르는 보이지 않았다. 보나마나 시간 가는 줄 모르고 책을 읽다가 늦게 출발하는 바람에 아직 공항에 도착하지 못했겠지. 전화했지만 역시나 받지 않았다. 입국장 대기 의자에 앉아서 기다릴 생각으로 빈 의자를 찾다가 책을 읽고 있는 에두아르를 발견했다. 내가 탄 비행기가 도착했는지도 모르고 독서 중이었다. 미친 책벌레에게 뭘 바라겠는가? 살이 많이 빠진 모습을 보니 좀 불쌍한 마음이 들기도 했다.

집은 먼지더미가 돼 있었다. 에두아르는 독서, 학교 수업, 운동 그리고 여행하는 일 이외의 모든 일은 '안 한 것보다 눈곱만큼 나은' 정도로 한다. 청소도 딱 그렇게 한다.

시차에 적응하자 일주일이 지났다. 서울에서 돌아와 겨우 일주일밖에 지나지 않았는데, 굉장히 오랜 시간이 지난 것 같았다. 서울에서 보낸 삼 개월은 일주일 같았는데. 시간이란 어떨 때는 엄청 느리게 또 어떨 때는 엄청 빠르게 흐르며 제멋대로 구는 변덕쟁이다. 길었으면 하면 짧아지고 짧았으면 하면 길어진다. 눈치가 없는 것인지 심보가 나쁜 것인지 모르겠다. 하지만 이 눈치 없고 심보 더러운 변덕쟁이만큼 세상에 공평한 것도 없다. 모든 이에게 공평하게 주어지는 유일한 것이다. 그것을 어떻게 사용하느냐에 따라 우리는 전혀 다른 세상을 살게 된다. 시간이 우리에게 주는 가장 큰 공포는 변명할 수 없게 만드는 것이 아닐까?

"똑같이 나눠줬는데 넌 왜 지금까지 시간을 그렇게밖에 사용하지 못했니?"

누군가 이렇게 물어본다면 나는 뭐라 변명할 말이 없을 것 같다.

모두가 예상했던 대로 여름 휴가철 이후 코로나 감염자 수는 기하급수적으로 늘어났고 또다시 외출금지령이 떨어졌다. 에두아르는 지난 외출금지령 때처럼 집에서 온라인 수업을 했다. 나는 아무것도 하지 않고 지냈다. 나는 책을 출간한 후 몇 개월간은 글을 쓰지 않는다. 충전의 시간을 갖기 위해서다. 나는 아무것도 하지 않고 뒹굴뒹굴해야 충전되는 사람이다. 그런 의미에서 2차 외출금지령은 내가 원하는 방식대로 제대로 충전할 좋은 기회였다. 나의 충전 방식을 이해하지 못하는 에두아르는 내가 그저 빈둥대며 시간을 버리고 있다고 생각하는 것 같았다. 그렇게 생각하든 말든 신경 쓰지 않았다.

한 달 하고 십사 일이 지나 외출금지령이 풀렸다. 그래도 갈 곳은 많지 않았다. 모든 문화행사는 여전히 금지고 식당이나 쇼핑몰도 정상적으로 운영되지 않았다. 곧 성탄방학이지만 우리는 마땅히 갈 곳이 없었다. 결혼 후 처음으로 방학 동안 여행을 가지 않기로 했다.

사람들은 길어지는 팬데믹에 점점 지쳐가면서도 익숙해지고 있었다. 늦은 밤 도시의 거리는 텅 비고 어두워졌지만, 주택가는 더 밝아졌다. 밤이 되면 집집마다 노란색 조명이 켜지고 커다란 유리창들이 노랗게 반짝였다. 나는 환하게 불이 들어

와 있는 건너편 아파트 유리창들을 보며 괜히 마음이 아득해
졌다.

하루하루 똑같은 날들이 지나갔다. 매일 반복되는 하루는
길었다. 그런데 긴 하루가 쌓여 일주일, 한 달이 되면 이상하게
도 짧았다. 긴 하루, 짧은 한 달. 시간의 미스터리다. 성탄방학
에서 겨울방학으로 순간 이동이라도 한 것 같았다. 2월 겨울방
학이었다. 한동안 여행을 가지 못해 몸이 근질근질했을 에두
아르는 내 생일에 맞춰 사부아 지방의 아레쉬라는 마을로 스
키를 타러 가자고 했다. 한동안 너무 안 움직였더니 나도 몸이
근질거리던 참이었다. 내가 언제부터 이랬던가? 겨우 몇 달 여
행하지 않았다고 몸이 근질거리다니. 웃겼다.

늦은 저녁 도착한 호텔에서 생일상을 제대로 받았다. 코로
나 때문에 투숙객들에게만 오픈하는 호텔 레스토랑은 빈자리
가 많았다. 이튿날 아침 바로 스키장으로 향했다. 스키 왁싱부
터 해야 했다. 장비를 꺼내 왁싱을 시작하려는데 에두아르의
휴대전화가 울렸다. 에두아르는 나에게서 떨어져 전화를 받았
다. 에두아르가 통화하는 동안 나는 스키 왁싱을 했다. 나는 스

키 왁싱법을 에두아르에게 배웠는데 지금은 내가 그보다 더 잘한다. 스키 한 벌의 왁싱을 마칠 때까지 그는 여전히 통화 중이었다. 프랑스인들은 한번 전화기를 들면 기본 한 시간이다. 프랑스인들의 수다가 지긋지긋하다. 나는 아무 말 없이 에두아르의 스키에도 왁싱을 시작했다. 잠시 후 전화를 끊은 에두아르가 내 쪽으로 걸어오며 말했다.

"주영, 그만하고 장비 챙겨!"

순간 성질이 나서 "왜!" 소리치며 그를 쳐다봤다. 에두아르의 눈동자가 충혈되어 있었다.

아….

"마… 몽?"

에두아르는 대답 없이 고개만 끄덕였다.

마몽은 백 세가 되는 생일을 삼 주 남겨두고 세상을 떠났다. 내가 쉰 살이 된 바로 다음날이었다. 나의 시어머니. 프랑스에서는 시어머니를 마몽(엄마)이라고 부르는 며느리는 없다. 나는 그녀를 처음부터 내내 '마몽'이라고 불렀다. 내가 '마몽' 하고 부르면 그녀는 항상 활짝 웃었다. 나는 그녀의 활짝 웃는 모습이 너무 좋았다. 그녀는 나의 프랑스 엄마였고 나는 그녀의 늦둥이 막내딸이었다.

서둘러 장비를 챙겨 호텔로 돌아와 짐을 쌌다. 호텔에 사정을 이야기하고 나오는 길에 호텔 관계자가 문 앞까지 뒤따라오며 우리를 쳐다봤다. 무슨 말인가 하고 싶은 것 같은데 무슨 말을 해야 할지 모르는 것 같았다. 나는 고개를 숙여 한국식으로 인사했다. 그도 나와 같은 방법으로 인사했다. 갑자기 눈물이 쏟아졌다. 에두아르는 울지 않았다.

프랑스는 넓은 나라다. 우리가 있는 곳에서 마몽이 있는 파리까지 쉬지 않고 달려도 여덟 시간이 걸렸다. 스키장을 출발해 열 시간이 지난 후에야 오랜만에 곱게 화장하고 누워 있는 마몽을 봤다. 마몽의 손은 생각보다 차갑지 않았다. 내가 마몽의 손을 만지는 순간 에두아르는 울음을 터뜨렸다.

장례와 매장을 마친 후 유품 정리를 시작했다. 먼저 감정사를 불러 모든 물건의 금전적 가치를 책정받았다. 감정이 끝난 유품을 가족들은 개개인의 추억 순으로 가치를 따져 나누기로 했다. 고가의 물건들은 나중에 현금화해서 나누면 되었다.

셋째 형 부부와 만나 마몽의 서재를 정리하기로 한 날이었다. 셋째 동서 카트린이 《파리의 미스터리》라는 책을 발견했다.

"아! 이 책 정말 재밌었는데! 주영, 이 책 읽어봤어?"

그녀의 말에 아니라고 답한 후 인터넷으로 검색해봤다. 한국에 아직 번역되지 않은 작품이었다. 셋째 시숙 뱅상은 책을 쓴 외젠 슈가 시댁 가문과 결혼으로 맺어진 사람이라고 했다. 뱅상다운 작가 소개였다. 그는 유명한 사람 이름만 나오면 가족과 어떤 관계가 있었다는 이야기를 자주 하는데 참 듣기 싫다. 2세기 전 조상과 결혼으로 맺어진 외젠 슈는 내 생각에는 그냥 남이었다. 카트린은 재밌으니까 읽어보라고 내게 권했고 뱅상은 조상의 결혼으로 맺어진 가족관계인 그의 작품을 가문의 막내며느리가 번역해서 소개하면 의미 있겠다며 내게 읽기를 권했다. 옆에 있던 에두아르는 내가 읽기에 너무 어려운 작품이라고 말했다. 에두아르의 말에 빈정이 상해서 엄청 크고 두꺼운 《파리의 미스터리》 네 권 모두 집으로 가져왔다.

읽고 싶어서가 아니라 오기로 가져온 책은 며칠째 거실 테이블 위에 놓여 있었다. 햇살 좋은 어느 오후 아무 생각 없이 책을 펼쳤다.

시테섬은 삼엄한 경계와 감시에도 파리의 수많은 도둑이

모여드는 프랑크 카펫으로 그들의 약속장소이자 은신처였다. 프랑크 카펫이란 악당들 사이의 은어로 선술집의 맨 아래층을 의미한다. 그들은 그들만의 천박한 언어로 전과자와 창녀들을 '식인마'라 부르기도 한다. 프랑크 카펫, 주로 전과자, 도둑, 살인자 등 파리의 쓰레기 같은 인간들이 정기적으로 드나드는 곳…. 범죄가 벌어지면 경찰은 그 오물 같은 곳에 그물을 치고 거의 매번 범죄자를 잡아낸다.[1]

완전 내 스타일의 글이었다. 첫 장부터 흥미진진했다. 한국어로 번역해보고 싶다는 욕심이 생겼다. 당장 컴퓨터 앞에 앉아 번역하면서 책을 읽기 시작했다. 번역을 하다 보니 에두아르가 왜 내게는 너무 어려운 작품이라고 했는지 알 것 같았다. '1838년 10월이 끝나갈 무렵 비 내리는 쌀쌀한 밤'이라는 문장으로 시작되는 소설은 당시 파리의 상황을 모르면 이해하기 힘든 부분이 많고, 무엇보다 당시 유행하던 은어가 너무 많이 등장했다. 그래도 너무 재밌어서 책 읽기를 멈추지 못했다. 나는 하루에 몇 줄이라도 그 책을 번역하기로 마음먹었다.

토요일 아침 일찍 눈이 떠졌다. 눈 뜨자마자 어제까지 읽은 《파리의 미스터리》의 다음 이야기가 궁금했다. 바로 컴퓨터 앞에 앉아 번역하면서 계속해서 읽기 시작했다. 모르는 은어가 너무 많았다. 다음 문장이 빨리 읽고 싶어 죽겠는데 읽고 있는 문장에 등장한 은어부터 해결해야 했다. 사전에는 나오지도 않는 19세기의 은어를 인터넷 검색으로 하나하나 찾아가며 읽으니 읽는 속도가 무척 느렸다. 한참을 끙끙거리며 책을 읽고 있는데 에두아르가 일어났다. 나는 이때다 싶어 인터넷 검색으로도 알 수 없었던 은어들의 뜻을 얼른 물었다. 에두아르는 뜬금없는 내 질문에 눈을 껌뻑이다가 내 옆으로 다가와 어떤 문장에서 나온 단어인지를 살폈다. 에두아르는 '아마도 이러이러한 뜻 같은데…' 하는 식으로 모호하게 말했다.

"확실해?"

그도 무슨 소리인지 잘 모르는 것 같아 아무 생각 없이 한 소리였는데 에두아르는 발끈해서 소리쳤다.

"내가 이 책 네 프랑스어 수준으로는 읽을 수 없을 거라고 했잖아!"

갑자기 왜 지랄인가? 황당하면서도 화가 났다. 프랑스인인 자기도 잘 모르는 주제에 내 프랑스어 수준을 들먹이다니! 나는 순간 폭발해버렸다.

    나는 마흔을 넘겨 프랑스에서 살기 시작했다. 결혼 전까지 내게 프랑스는 그저 에펠탑이 있는 나라에 불과했다. 에두아르가 프랑스인이 아니었다면 나는 절대로 이 어려운 언어를 공부하지 않았을 것이다. 흔히들 프랑스어가 낭만적이라고 하는데 내 귀에는 그렇게 들리지 않는다. 항상 악센트를 단어의 뒤에 두는 프랑스어는 때론 굉장히 퉁명스럽게 들린다. 나는 관심도 없고 매력적으로 다가오지도 않는 언어를 불혹을 넘겨 어거지로 공부했다. 프랑스어는 내게 엄청난 스트레스를 주는 언어다. 사정이 이렇다 보니 프랑스어는 내가 익히는 데 가장 오랜 시간이 걸린 외국어다. 에두아르는 이런 나를 항상 불만스러워했다.

    "미안하지만, 내가 너하고 결혼하지만 않았어도 이 어렵고 퉁명스러운 언어는 절대 공부하지 않았을 거야. 앞으로도 내 프랑스어 실력은 전혀 늘지 않을 거야! 나는 프랑스에 너무 늦게 왔고, 나는 이 언어에서 어떠한 매력도 느끼지 못해. 이런 내가 넌 항상 불만이지. 너는 앞으로도 그런 불만을 계속 품고 살아야 할 거야. 그게 싫으면 우리 그만 끝내자!"

"그래! 끝내자, 끝내!"

우리는 이혼하기로 합의했다. 우리가 그렇게 쉽게 이혼하기로 한 것은 단순한 말싸움 한 번 때문만은 아니었다. 그동안 우리는 너무도 다른 서로에게 적응하느라 지쳐 있었다.

구두로 이혼에 합의한 후 나는 이혼 절차에 대해서 알아보기 시작했다. 프랑스에서 이혼을 경험한 한국인 친구에게 조언을 구한 후 로마에 있는 동생에게는 먼저 알려야 할 것 같아 전화했다. 자영이는 많이 놀라는 듯했지만 침착하게 내 생각을 받아들였다. 제부 파우스토는 갑작스러운 이혼 소식에 충격을 받아 아무 말도 하지 못했다. 이튿날 파우스토는 내게 변호사 선임료가 있는지 걱정하며 돈을 보내겠다고 했다. 나는 거절했다.

내게 이혼 절차에 대해 알려준 한국인 친구는 우리 부부의 이혼 결정에 마음이 아파 밤새 잠을 설쳤다며 다시 한번 생각해보라는 메시지를 보내왔다. 동생 부부, 친구와 메시지를 주고받고 통화를 하며 오전 시간을 보냈다. 오후에도 전화벨이 울렸다. 베로니크였다. 에두아르에게 소식을 들었다고 했다. 베로니크는 우리 결혼의 증인이기도 해서 알린 모양이었다.

베로니크는 내가 이혼 후 한국으로 완전히 돌아갈 것을 걱정했다. 베로니크는 내가 프랑스에 남아 일할 수 있는 곳을 알아보자고 난리였다. 나도 베로니크를 다시 볼 수 없게 되는 게 안타깝지만 그렇다고 프랑스에 남고 싶은 마음은 없었다. 내 마음을 읽은 베로니크는 아침저녁으로 나와 에두아르에게 번갈아 계속 전화를 했다. 이튿날에는 올리비에로부터 장문의 메일을 받았다. 메일은 '너무 충격을 받아 어제 하루 아무것도 할 수 없었다'는 글로 시작되었다. 우리를 위해 자신이 할 수 있는 일이 있다면 뭐든지 하겠다고 했다. 자신이 항상 우리 곁에 있음을 기억하라는 말로 글을 마쳤다.

　며칠 후 가끔 우리 집에 와서 저녁 먹고 잠도 자고 가는 도미니크가 왔다. 그는 아무것도 모른 채 놀러 온 것이었다. 셋이서 저녁을 먹고 에두아르는 그의 절친에게 우리의 상황에 대해 이야기했다. 도미니크의 얼굴은 순식간에 납빛이 되었다. 이튿날 아침 일어났을 때 도미니크는 이미 가고 없었다. 부엌에서 그가 써두고 간 긴 편지를 발견했다. 도미니크의 부인 모니카는 폴란드 사람이다. 그는 국제결혼의 어려움에 관한 이야기로 글을 시작했다. 도미니크는 우리 둘의 결정을 존중하지만 그 결정이 확실한 것인지 조금만 더 생각해보지 않겠냐는 부탁으로 글을 마무리했다. 이튿날 도미니크는 주말에 소바니에 있는 자신의 성에서 자기 부부와 며칠 같이 지내지 않겠냐는 제안을 했다. 우리의 결정을 넷이서 같이 다시 한번 생각해보자는 것이었다.

동생 자영이는 하루에도 열두 번씩 전화했다. 모두가 감동적이었다. 하지만 그들이 우리를 위해 할 수 있는 일은 없었다.

그렇게 며칠이 지났다. 에두아르는 변호사를 섭외하지 않은 채 그저 책을 읽고 산책을 하며 시간을 보냈다. 코로나로 인해 부부가 집에 같이 있는 시간이 늘면서 이혼율이 급상승 중이었다. 나는 그에게 서두르라고 했다. 에두아르는 알았다고만 했다. 며칠 후 내가 이러다가는 변호사를 섭외하지 못해 이혼할 수 없을 것이라고 닦달을 하자 겨우 변호사를 알아봤다. 변호사와의 약속은 오 주 뒤로 잡혔고 그동안 기다려야 했다. 정말이지 이놈의 나라는 빨리 진행되는 일이라고는 하나도 없다.

나는 이혼 후 한국에 돌아가서 무엇을 하며 살까 생각하며 시간을 보냈다. 《나는 프랑스 책벌레와 결혼했다》를 읽은 독자들의 반응이 좋다며 출판사에서는 후속작을 기획하자고 했다. 하지만 나는 오랫동안 또는 영원히 글을 쓰지 못할 것 같았다. 글을 쓰는 일로는 먹고살 수 없기 때문이었다. 그렇다고 늙은 부모에게 기생할 수도 없는 노릇이었다. 그동안 내가 글을 쓸 수 있었던 것은 결국 에두아르 덕이었다는 것이 비참했다. 더 이상 비참하게 살지 말자. 한국에서의 재시작은 모든 게 막막하지만 몸으로 부딪혀 무슨 일이든 하면 된다. 식당에서 설거지도 할 수 있다. 그런 생각을 하는 내가 대견했다.

지난 세월 이곳저곳을 떠돌며 살아온 나는 어느덧 자유로워진 것 같다. 외국에서 공부하고 몇 개의 외국어를 할 수 있다고 식당에서 설거지하는 일은 상상도 하지 않던 나는 이제 존재하지 않는다. 오십 년 동안 나는 많이 단단해진 것 같다. 단단해지니 자유롭다. 이러저러한 생각을 하며 멍하니 모니터를 쳐다봤다. 모니터에는 보지도 않는 영화가 흐르고 있었다. 에두아르는 잠시 숲으로 산책을 다녀오겠다며 집을 나갔다.

해가 질 무렵 산책에서 돌아온 에두아르는 다음 주 주말에 노르망디로 여행을 다녀오자고 했다. 이게 바로 말로만 듣던 이별 여행이구나 싶었다. 유행가 가사 속 주인공이 되어보는 것도 나쁘지 않을 것 같아 "좋다"고 했다.

372

습한 회색빛 하늘의 주말 아침, 노르망디로 출발했다.

"노르망디, 어디로 갈 거야?"

내 물음에 에두아르는 내게 특별히 가고 싶은 곳이 있는지 물었다.

"노르망디 상륙작전이 있었던 곳으로 갈까?"

내 대답에 에두아르는 피식 웃었다. 무의식적으로 대답하곤 나도 피식 웃고 말았다. 이 상황에 노르망디 상륙작전을 떠올린 내가, 내가 생각해도 어이가 없었다. 나도 모르는 사이에 내가 '에두아르화'된 것 같다는 생각이 스쳤다. 그 생각도 이혼을 앞두고 이별 여행을 떠나는 마당에 스칠 만한 것은 아니다 싶어 다시 한번 헛웃음이 나왔다.

도착한 해변은 노르망디 상륙작전과는 관계없는 옹플뢰르였다. 해변이 예뻐 '노르망디의 진주'라고 불리는 항구 도시 옹플뢰르는 노르망디를 대표하는 관광지다. 에두아르는 그런 관광지를 좋아하지 않았다. 그동안 에두아르와 여행을 많이 다녔지만 그저 예쁘다는 이유로 소문난 관광지에 간 적은 없었다. 결혼 전 나는 그저 예쁘다는 이유만으로 유명한 관광지에서 쇼핑도 하고 맛있는 음식을 먹는 여행을 좋아했다. 내가 그랬던 사람이라는 것을 에두아르도 잘 알고 있었다. 나를 위해 옹플뢰르를 선택한 듯했다. 나와 함께하는 마지막 여행이라 인심을 쓰는 건지 뭔지 속을 알 수 없었다. 하기야 그런 상황에서 역사 강의를 할 수 있는 곳을 생각했다면 그건 정말 심각하게 미친놈일 것이다. 적어도 그 정도로 미친놈과 구 년을 함께한 것은 아니라는 생각에 위로가 되었다.

관광지답게 시내에는 사람들이 무척 많았다. 우리는 대화 없이 사람들 사이를 걸으며 예쁜 상가들을 기웃거렸다. 에두아르는 내가 관심을 보이는 가게마다 들어가자고 했다. 코로나 때문에 입장 인원 제한이 있어서 상점 앞에 사람들이 줄을 서서 기다리고 있었다. 에두아르는 물건을 사기 위해 줄 서서 기다리는 것을 싫어한다. 만약 줄을 서야 하면 손에 반드시 책이나 신문이 있어야 한다. 그런 그의 손에 아무것도 들려 있지 않았다. 우리는 아무 대화 없이 멀뚱히 서서 기다렸다가 가게 안에 들어갔다 나오기를 몇 번 반복했다. 나는 별로 사고 싶은 것이 없어서 가게에는 그만 들어가자고 했다.

해 질 무렵 해변으로 갔다. 인적없는 드넓은 회색빛 모래사장을 늦겨울 바닷바람을 맞으며 걸었다. 우리는 아무 말도 하

노르망디 빌레르빌의 해변

지 않았다. 너무 할 말이 많으면 아무 말도 하지 못하게 되는
것 같다. 검푸른 바다가 핑크빛 노을 진 하늘을 뿌옇게 머금고
있었다. 참, 예뻤다. 에두아르가 이렇게 아름다운 프랑스에서
내가 없어도 잘 지냈으면 좋겠다는 생각이 들었다.

노르망디에서 돌아왔다.
에두아르는 출근하고 없었다. 나는 딱히 하고 싶은 일도 해
야 할 일도 없었다. 소파에 누워 노르망디에서 찍은 사진들을
봤다. 바닷가의 노을을 찍은 사진을 보며 해변에서 했던 생각
이 떠올랐다. 나는 그곳에서 진심으로 에두아르가 잘 지내기
를 바랐다. 이별을 앞두고 이렇게 마음이 아프지 않은 적도 없
었다. 그동안의 나의 이별은 무척 아프고 힘들었다. 고통을 견
딜 수 없어서 치료받아야 했다. 내게 로마 유학은 치료가 목적
이었다. 치료는 쉽지 않았다. 내내 고통스러웠다. 머릿속에서
꿈틀대는 '그'라는 덩어리를 도려내는 수술을 받는 것 같았다.
수술은 잘 되었다. 그가 사라져도 머리는 여전히 그를 기억했
지만 아무런 고통이 없었다. 그가 잘 살든 못 살든 전혀 상관
없는 일이 되었다. 가수 김광석이 '너무 아픈 사랑은 사랑이 아
니'라고 노래한 이유를 알 것 같다. 너무 아파서 완전히 도려낼

수밖에 없는 사랑은 사랑이 끝난 후 무감각해졌다.

에두아르와의 이별을 앞두고 있었지만 나는 전혀 아프지 않았다. 모자라는 구석투성이인 에두아르가 걱정될 뿐이고 나 없이도 잘살기를 바랄 뿐이었다. 이런 감정은 조금 불편할 뿐 아프지는 않았다. 에두아르를 내 머릿속에서 지울 생각도 없었다. 아프지 않은데 지울 이유가 없었다. 어쩌면 그래서 나는 그가 정말 잘살 수 있기를 바라는지도 몰랐다. 그가 못 살면 내가 아파질지도 모르니까. 예전에 큰시누이 아가트가 이혼한 남편의 치매 소식에 한없이 서럽게 우는 것을 본 적이 있다. 나는 그때 '저렇게 울 거면 이혼은 왜 했나?' 하며 아가트를 이해하지 못했다. 나는 비로소 펑펑 쏟아지던 아가트의 눈물을 이해할 수 있을 것 같았다.

이튿날 나는 SNS에 올라온 내 책의 독자들 리뷰를 읽었다. 독자들은 내가 남편을 제대로 까발려서 웃겨죽을 뻔했다고 한다. 나는 특별히 에두아르를 까발릴 생각도 독자들을 웃길 생각도 없었다. 독자들의 리뷰를 읽으며《나는 프랑스 책벌레와 결혼했다》가 다시 읽어보고 싶어졌다. 신물 나게 읽고 또 읽었던 글을 다시 읽으며 내가 에두아르를 참 객관적으로 보고 있었다는 생각이 들었다. 내가 그럴 수 있었던 것은 그와 거리를 두고 있었기 때문이 아닐까? 너무 가까이에서 보면 아무것도 보이지 않는 법이다. 혹시 나는 그를 가까이에서 볼 마음이 없었던 건 아닐까? 에두아르에게 미안했다.

주말 오전이었다. 에두아르가 정원에 심을 꽃을 사러 가자고 했다. 꽃시장은 우리가 갈 때마다 싸운 곳이었다. 산을 좋아하는 에두아르는 늘 야생화를 사려 했다. 나는 야생화는 산에 있을 때 예쁜 것이지 작은 정원에는 어울리지 않는다고 생각했다. 나는 내가 좋아하는 모란이나 수국 같은 꽃이 우리 정원에 어울린다고 주장했다. 취향이 그렇게 다르다 보니 매번 사람들 앞에서 싸우다 결국 아무것도 사지 못한 채 돌아오는 경우가 허다했다. 이번에는 에두아르가 사고 싶어 하는 대로 놔둘 생각으로 그를 따라나섰다. 에두아르는 내가 좋아하는 모란부터 집어 들었다. 나는 야생화 코너로 발길을 옮겼다. 어차피 얼마 후면 우리 정원은 에두아르만의 정원이 될 것이라 그가 좋아하는 꽃을 사기 위해서였다.

에두아르는 내 손에 들린 야생화들을 보면서 우리 정원에는 어울리지 않는다고 언젠가 내가 했던 말을 했다. 에두아르는 모란과 수국을 들고 계산대 앞으로 갔다. 나는 모란과 수국 옆에 심으면 어울릴 만한 야생화를 들고 그의 뒤를 따라 걸었다. 계산대 옆 가판에 허브 비누를 팔고 있었다. 에두아르는 내가 좋아하는 파촐리 비누를 집어 들었다. 집에 돌아오는 차 안에서 우리는 아무 말도 안 했다. 우리가 지금 뭘 하고 있는 거지? 우리는 헤어지기 전에야 서로에게 맞추려 노력하고 있었다. 어쩌면 우리는 헤어질 마음이 없는 걸까. 나도 내 마음을 알 수 없었다. 당연히 그의 마음도 알 수 없었다.

며칠 후 이혼을 상담했던 한국인 친구한테서 전화가 왔다. 그녀는 내가 어떻게 지내고 있는지 궁금해했다. 나는 변호사를 만날 날을 기다리며 시간을 죽이고 있다고 답했다. 친구는 무엇으로 시간을 죽이고 있느냐고 물었다. 노르망디에 다녀온 이야기, 한국에 가서 무엇을 해야 하나 고민한 이야기, 꽃시장에 다녀온 이야기를 해주었다. 이혼을 이미 겪은 친구가 말했다.

"너네 왜 헤어지려고 해? 부부는 정말 미울 때 헤어지는 거야."

친구의 전화를 끊고 한참 생각에 잠겼다. 누군가를 미워한다는 것은 어떤 것일까? 누군가를 좋아하는 것과 미워하는 것, 어느 것이 더 힘든 일일까? 사람을 좋아할 때는 아무런 이유가 없을 때가 많다. 사람이 미울 때는 반드시 이유가 있다. 내가 그를 미워하는 이유는 합당한 것인가? 나는 에두아르를 정말 미워하는가?

다음날은 오전 내내 한국 부동산 월세 시세를 알아봤다. 집 값이 장난이 아니었다. 당분간은 부모님 집에서 기생하는 수 밖에 없을 것 같았다. 울 엄마아빠 팔자도 참 안됐다 싶었다. 골치가 아팠다. 당장은 아무 생각 하지 않기로 했다. 이것저것 생각이 많아지니 괜스레 두려움만 커졌다. 마침 햇살이 좋으 니 정원이나 손질해야겠다 싶었다. 내가 없어도 에두아르가 예쁜 정원을 가꾸며 살았으면 좋겠다는 생각에서였다.

초인종 벨소리가 울렸다. 에두아르였다. 잊고 가져가지 않 은 서류가 있어 수업이 비는 시간에 잠깐 들렀다고 했다. 그는 서재를 대충 훑어보고 나오더니 거실 책장에 기대어 섰다. 에 두아르는 지난 구 년 동안 필요한 서류를 찾을 때면 매번 내게 도움을 구했다. "서류가 든 투명 파일 케이스 못 봤어?" 물으 면, 나는 그가 찾던 것을 곧 찾아내곤 했다. 이혼을 앞둔 상황에서 내게 도움을 구하는 게 멋쩍은 모양이었다.

"왜? 못 찾았어? 무슨 색 파일에 넣어둔 서류인데?"

"으음, 그게…."

에두아르는 내 질문에 말끝을 흐린 채 계속 어색하게 서 있었다. 왜 저러나 싶어 나도 쳐다봤다. 그가 머뭇머뭇 말을 시작했다.

"나 너랑 이혼할 마음이 없어…."

그렇게 말한 후 수업에 늦겠다며 다시 집을 나갔다. 서류를 찾으러 들어왔다는 말은 거짓말이었다. 그가 나간 후 나는 다시 정원으로 나가 잡초를 뽑았다. 봄이 오는 중이었다. 잔디 사이로 잡초가 많았다. 잔디 사이 잡초가 너무 많을 때는 잡초를 보지 않고 잔디를 보면 일이 더 수월하게 느껴진다. 잔디가 많아 보이면서 잡초가 상대적으로 적어 보이기 때문이다.

에두아르가 남기고 간 말이 다시 떠올랐다. 나도 모르게 피식 웃음이 새어 나왔다.

---

1   외젠 슈, 직접 번역, 《파리의 미스터리 *Les Mystères de Paris*》, Librairie de
     Charles Gosselin, 1843년

에두아르와 나의 취향이 고루 반영된 우리집 정원

에필로그

집으로 돌아오는 기차 안.

　프랑스 남동부 오트잘프 지방을 여행하고 돌아오는 길이다. 산행도 하고 가프와 앙브렁 일대를 둘러봤다. 어제는 베로니크와 올리비에 집에서 잤다. 에두아르는 그 집에서 하루 더 머문 뒤 이탈리아 토리노로 출발할 것이다. 나는 이번 책 원고를 마무리하기 위해 먼저 돌아왔다.

　파리 가르드리옹역에 도착했다. 장대비가 쏟아졌다. 아, 집에 돌아오기 딱 좋은 날씨다. 여행에서 돌아오는 길은 날이 궂

을수록 좋다. 집에 들어가는 순간 더 행복해진다. 여행의 참맛은 여행을 마치고 돌아와 집에 들어가는 순간이다. 현관문을 여는 순간 그 찰나의 안도감이란⋯. 꿀맛이다. 집에만 있었다면 몰랐을, 여행하지 않았다면 절대 느낄 수 없는 여행의 맛이다. 장대비 속 집으로 향하는 나의 발걸음이 빨라진다.

'집에 도착하면 바로 라면물부터 올려야지.'

이혼이라는 말이 오가는 판에 글을 쓸 수 없었다. 그와의 갈등이 막장 드라마식 해피엔딩 비슷하게 수습된 후 나는 쉴 틈도 없이 곧바로 글쓰기에 돌입해야 했다. 하지만 전작인《나는 프랑스 책벌레와 결혼했다》만 못하면 안 된다는 강박에 글이 써지지 않았다. 이러면 좋은 글이 나오기가 어렵다. 아무래도 후속작은 쓰지 않는 것이 좋을 것 같았다. 출판사를 설득하기로 마음먹었다.

내가 이런 생각을 하는지 어떻게 알았을까? 귀신 같은 촉을 가진 출판사 대표에게 때마침 전화가 왔다. 나는《나는 프랑스 책벌레와 결혼했다》를 통해 전하고 싶은 내용을 다 털어내서 더 이상 할 말이 없다고 했다. 대표는 '그래서 준비했다!'는 듯 내 말이 떨어지기가 무섭게 그동안 에두아르와 떠났던 여행 이야기를 써달라고 했다.

"팬데믹으로 여행을 쉽게 할 수 없게 되면서 사람들이 우울해지고 있다! 이번 책을 통해 사람들의 코로나 블루를 한 방에 날려주자!"

대표는 사명감에 불타 내게 주문했다. 그녀의 몹쓸 사명감에 나는 매번 설득당하고 만다.

여행을 못 해서 우울해질 수도 있다는 것이 믿기지 않았다. 어쩌다 물살에 휩쓸리듯 떠돌며 살아온 내가 많은 곳을 여행한 건 사실이지만, 나는 결코 여행을 좋아하는 사람이 아니다. 책에만 미친 게 아니라 여행에도 미친 남편한테 여기저기 끌려다니면서 "여행 좀 그만하자!" 악을 쓴 적도 있다. 그런 내게 여행에 대한 글을 쓰라고? 나는 마음에 없는 말은 할 수 있어도 마음에 없는 글은 쓰지 못한다. 그렇다고 "뭐 귀찮게 여행하려 드는가? 집에서 쉬는 게 제일 편타"라고 쓸 수는 없지 않은가.

여행이 대체 무엇이기에 여행을 하지 못해 우울하기까지 하단 말인가? 여행의 의미는 무엇일까? 나는 이 이야기를 어떻게 풀어내야 할까? 한동안 이런저런 생각만 하며 지냈다. 어

떤 한 가지에 집중해서 생각하다 보면 어떻게든 방법이 생긴
다. 어느 날 문득 정신이 들었다. 에두아르가 어떻게 여행하는
가를 들려주면 되는 걸 뭘 그리 고민했나 싶었다. '프랑스 책벌
레식 여행' 이야기를 들려주기 위해서는 그의 여행이 일반적
인 여행과 다른 점부터 파고들어야 했다. 우리가 일반적으로
하는 여행에 대해 생각하지 않을 수 없었다. 문득 예전 기억 하
나가 떠올랐다.

그날 나는 파리 몽마르트르 언덕의 사크레쾨르 대성당 앞
계단에 앉아 있었다. 옆에서 한국어가 들려왔다. 파리로 여행
온 한국인 가족의 대화였다. 초등학생으로 보이는 아들이 아
빠에게 물었다.

"아빠, 우리 저 성당에도 들어갈까?"

아빠의 대답.

"에이, 뭘 들어가? 밖에서 보면 됐지."

아이는 실망한 듯했지만 온순하게 아빠의 뜻을 따랐다. 사
크레쾨르 대성당 안 후진[1]의 성스러운 금빛 프레스코를 보지
못하고 한국으로 돌아갈 아이가 나는 안쓰러웠다. 밖에서 보
면 된다는 아이 아빠의 마음을 이해하지 못하는 건 아니었다.

388

그는 이미 파리 시내의 다른 성당을 방문했을 것이다. 역사나 서양 건축에 대한 지식이 없으면 유럽의 성당들은 다 거기서 거기로 보인다. 몇 군데 방문하고 나면 유럽의 성당을 다 본 것 같은 착각이 든다.

유적지도 마찬가지다. 로마의 포로 로마노에는 쓰러지고 조각난 돌덩이들이 흩어져 있다. 쓰러져 있는 돌덩이를 보면서 걷다 보면 콜로세오에 도착하게 된다. 이미 돌덩이들을 충분히 본 여행자들은 콜로세오라는 거대한 돌덩어리를 보며 "아, 저게 바로 말로만 듣던 콜로세오구나!" 하고 감탄해준 뒤 사진을 찍고 그곳을 떠난다. '유럽 7박 8일 4개국', '14박 15일 9개국' 투어 패키지로 오는 많은 아시아계 관광객들은 유럽의 겉만 스치고 간다. 수박 겉핥기. 수박은 겉만 핥아서는 그 맛을 전혀 알 수 없다. 맛도 못 봤는데 핥았다는 이유로 돈을 내야 한다. 억울한 짓이다.

어느 날 프랑스인 친구와 샹젤리제 거리를 걸을 때였다. 유명한 명품 가게 앞에 아시아인들이 줄 서서 기다리는 모습이 보였다. 친구가 내게 물었다.

"너희 눈에는 저 똥색 가방이 예뻐 보이니?"

그 똥색 가방을 사기 위해 장시간 비행기를 타고 와서 돈은 돈 대로 쓰고 센스 없다는 소리까지 듣는 아시아인들이 창피하다 못해 속상했다. 나는 유럽에 오는 동북아시아인들의 명품쇼핑 여행이 초라하게 느껴진다. 여행지를 사진에만 담으려 하고 머리와 가슴에는 담지 않는 동북아시아인들의 모습을 볼 때도 마찬가지다. 같은 아시아인으로서 그러지 않았으면 좋겠다는 생각을 늘 해왔다. 유럽 사람들 눈에 돈 쓰러 온 촌스러운 봉으로 얕보이는 것도 싫고, 휴대전화 속 사진의 도움을 받지 않으면 본인이 갔던 곳을 기억하지 못하는 행태도 싫다. 기억은 우리의 자산이다. 추억과 경험을 키우는 뿌리다. 휴대전화에 그것을 맡겼다가는 어느 순간 몽땅 사라질 수 있다.

그래, 이번 책에서는 에두아르의 인문학적인 여행을 이야기하자. 학구적이고 지적이라 완전 뽀대나는 여행 스타일을 보여주리라 마음먹었다. 그동안 에두아르와 다녔던 유서 깊은 도시들을 목록으로 작성하고 관련 역사서와 문학서를 뒤지며 글을 쓰기 시작했다. 에두아르는 내가 도시 이름만 말하면 각 도시별 필독 도서를 최소한 네다섯 권 골라 책상 위에 올려놓고 출근했다. 죄다 어려운 프랑스 서적이었다. 책 읽는 데만 엄청난 시간이 들었다. 내 형편없는 프랑스어 실력에 한숨 푹푹 쉬어가며 읽고 쓰기를 병행했다. 몇 꼭지를 완성한 후 읽어봤다. 이게 글이냐, 수면제냐? 너무 재미없었다. 심지어 깊이도 없고 유치했다.

몇 날 며칠 나는 무슨 무모한 짓을 한 것인가? 역사 이야기는 역사학자들이 이미 써놓은 책으로도 차고 넘친다. 문학 이야기라면 에두아르에게 쓰게 하고 나는 번역만 하는 것이 더 좋은 글을 독자들에게 전할 수 있을 것 같았다. 글을 쓰는 과정이 고행 수준이다 보니 결과적으로 글이 고문 수준이 되었다.

빅토르 위고의 《파리의 노트르담》에 나오는 문장이 떠올랐다.

"이것이 저것을 죽이리라. 책이 건물을 죽이리라."

빅토르 위고는 인쇄술의 발달로 등장한 책은 건물과 달라서 파괴할 수 없는 불멸의 힘을 가지고 있으므로 온갖 상징과 구조로 다음 세대에 지식과 문화를 전승해온 건축을 죽일 것이라고 했다. 위고가 이 글을 쓴 것은 거의 이백 년 전이다. 시간이 흘러 시대가 바뀌었다. 지금은 '또 다른 이것이 저것을 죽이고 있다.' 영상이 책을 죽이고 있다. 다정하고 친절한 유튜브

나 넷플릭스와 사랑에 빠진 사람들은 책을 버렸다. 사람들은 책보다 영상에서 더 친근함을 느끼고 재미를 느낀다. 편하고 재밌는 건 못 참고 못 끊는다. 책은 아직 살아 있지만 영상에 밀려 골방에서 찬밥이나 겨우 얻어먹는 신세로 근근이 버티고 있다. 왕년에 건물까지 죽이며 잘나가던 책이 이런 꼴로 얼마나 버틸 수 있을까? 책의 죽음을 막으려면 사람들이 책을 사랑하게 만들어야 한다. 작가와 출판사의 몫이다. 이제부터 책은 영상이 줄 수 없는 재미와 그 이상의 가치를 주어야 한다.

써놓은 수면제 원고를 아낌없이 휴지통에 버리고 바로 휴지통을 비웠다. 다시 시작이다. 새로운 시도를 해보고 싶었다. 누구는 안 그렇겠냐만 돌아보면 꿈에도 생각지 못한 남자와 만나 결혼하기까지의 과정은 드라마 그 자체다. 로맨스 코미디 드라마를 만든다고 생각하고 써보자.

글 쓰는 게 즐거웠다. 즐겁기는 했지만 곤혹스러웠다. 지극히 개인적인 이야기를 여행이란 주제로 연결해가는 과정에서 오만 가지 생각을 했다. 여행지를 떠올리면 그곳에서 봤던 것들과 그곳에서 만난 사람들, 에두아르와 나누었던 대화와 혼자 했던 생각들이 끊임없이 떠올랐다. 매 순간의 추억과 경험은 질문으로 다가왔다. 이번 책을 쓰는 과정은 끊임없이 나 자신에게 질문하는 과정이었다. 에두아르의 역사 강의를 고막이 헐도록 들었던 순간이 떠오르면 '왜 우리는 역사를 알아야 하는가? 역사란 무엇인가?'라는 질문이 꼬리처럼 따랐다. 베른 여행에서는 오래된 화두 '도덕이란 무엇인가?'라는 질문이 나를 괴롭혔다. 산세폴크로의 피에로 델라 프란체스카의 집에서 나는 '내 상태가 좋아진 건지 나빠진 건지 모르겠다'는 혼돈에 빠졌다. 그 질문들의 답은 찾을 수 없었다. 무엇보다 이 책의 중요한 주제인 여행에 대해서는 질문이 폭발했다. 우리는 왜 여행하고 싶어 하는가? 우리에게 여행의 의미란 무엇인가?

'인생은 여행이다'라는 말이 있다. 너무 많이 들어서 그 심오함마저 희석된 말이다. 나는 이 밍밍하고 흔해 빠진 말을 좋아하지 않지만 동의한다. 스무 살 이후로 세상을 떠돌며 살아온 시간은 내 인생에 어떤 의미의 여행이었을까? 글을 쓰는 내내 떠올렸던 추억과 경험은 많은 생각을 불러오고 생각은 끊임없는 질문으로 이어졌다. 질문은 꼬리에 꼬리를 물며 나타나 머릿속을 혼란스럽게 했다. 이번 책을 쓰는 과정이 즐거우면서도 곤혹스러웠던 이유다.

이제 원고를 마감한다. 출판사에 보내기 전 다시 읽어봤다. 글 안에 질문밖에 없는 것 같다. 고쳐 쓸 마음은 없다. 이 글을 읽게 될 사람들도 여행을 통해 나와 같은 질문을 하길 바라기 때문이다. 끊임없이 질문하게 만드는 것이 여행이고 그것이 우리가 인생을 사는 방법이기 때문이라는 생각에서다. 해답이 궁금하다면 지금 당장 서점에 가라. 괜찮은 해답서를 찾으면 내게도 알려주면 좋겠다.

이주영의 여행선언문

하나, 나 이주영은 땀내에 절은 몸을 씻을 수 있는 숙소에서만 묵을 것이다.

하나, 나 이주영은 여행객의 본분에 충실해 현지인과 구별될 것이다. 말하자면, 관광유람선 같은 것도 탈 것이다.

하나, 나 이주영은 에두아르 발레리 라도가 여행지에서 시비에 얽히면 생판 모르는 남처럼 생깔 것이다.

하나, 나 이주영은 에두아르 발레리 라도가 500평 미만의 박물관에서 네 시간 이상 머물 시, 소리소문없이 사라질 것이다.

하나, 나 이주영은 에두아르 발레리 라도가 여행지에서 잃어버린 물건들을 찾으러 헤매도 돕지 아니할 것이다.

하나, 나 이주영은 저녁은 반드시 식당에 앉아서 먹을 것이다. 푸드트럭 앞 어두운 길바닥에서 추레하게 서서 때우지 아니할 것이다.

하나, 나 이주영은 골족(갈리)과 고대 로마인들이 먹었다는 음식은 다시는 먹지 아니할 것이다.

하나, 나 이주영은 에두아르 발레리 라도가 여행지에서 처음 보는 현지인과 한 시간 이상 수다를 지속할 시 한국어로 "그만, 시끄럽고!"를 외쳐 분위기를 엉망으로 만들 것이다.

하나, 나 이주영은 에두아르 발레리 라도의 여행가방에서 열 권 이상의 책을 발각할 시 폭력을 행사할 수도 있을 것이다.

하나, 나 이주영은 스스로를 과로사에서 보호할 것이다. 에두아르 발레리 라도가 험한 등반을 끈덕지게 간청해도 절대 동행하지 아니할 것이다. 또다시 보챌 시에는 산 밑 카페에서 낮술을 퍼마실 것이다. 술값은 장난 아닐 것이다.

하나, 나 이주영은 에두아르 발레리 라도가 과도한 여행 계획을 세워도 일체 관여하지 아니할 것이다. 단, 그런 여행은 에두아르 발레리 라도 혼자 떠나야 할 것이다.

하나, 에두아르 발레리 라도는 이주영과의 여행 전 이 선언문의 내용을 반드시 숙지해야 할 것이다. 그러지 아니하면 이주영의 끓어오르는 욕지거리와 구타욕구를 막지 못할 것이다.

여행선언문

초판 1쇄 펴냄 2022년 4월 15일
초판 3쇄 펴냄 2024년 8월 19일

지은이 이주영
펴낸이 이영은
편집인 김현경
홍보마케팅 김소망
디자인 여상우
제작 제이오

펴낸곳 나비클럽
출판등록 2017. 7. 4. 제25100-2017-0000054호
주소 서울특별시 마포구 동교로22길 49 2층
전화 070-7722-3751 팩스 02-6008-3745
메일 nabiclub17@gmail.com
홈페이지 www.nabiclub.net
페이스북 @nabiclub
인스타그램 @nabiclub

ISBN 979-11-91029-53-6 03920